U0918643

粮油故道

主编　刘建生
副主编　刘成虎

张世满　李萍　著

山西出版传媒集团　山西教育出版社

图书在版编目（CIP）数据

粮油故道 / 刘建生主编. — 太原 ：山西教育出版社，2021. 5（2023.12重印）
（晋商五百年）
ISBN 978-7-5703-1494-2

Ⅰ. ①粮… Ⅱ. ①刘… Ⅲ. ①粮食—商业史—史料—山西②食用油—商业史—史料—山西 Ⅳ. ①F724. 72

中国版本图书馆 CIP 数据核字（2021）第 068216 号

晋商五百年·粮油故道

JINSHANG WUBAI NIAN · LIANGYOU GUDAO

出版人 李飞
责任编辑 孙宇
复审 李梦燕
终审 杨文
装帧设计 薛菲 刘志斌
内文排版 陶雅娜
印装监制 赵群
图片统筹 刘志斌
摄影 薛菲 王永伟 刘志斌 梁铭 荣浪等

特别鸣谢 北京晋商博物馆
支持单位 北京晋商博物馆 山西省博物院
太原晋商博物馆 山西财经大学晋商博物馆

出版发行 山西出版传媒集团·山西教育出版社
（地址：太原市水西门街馒头巷7号 电话：0351-4729801 邮编：030002）
印刷 山西印美文化科技有限公司
印次 2021年5月第1版 2023年12月第2次印刷
开本 787×1092 1/16
印张 13. 5
字数 204千字
书号 ISBN 978-7-5703-1494-2
定价 29. 80元

康熙皇帝说：“今朕行历吴越州郡，察其市肆贸迁多系晋省之人，而土著者盖寡。”

——《清实录》康熙二十八年二月乙卯条

• • • • • •

山西巡抚刘于义上奏说：“山右积习，重利之念，甚于重名。子弟之俊秀者，多入贸易一途，其次宁为胥吏。至中材以下，方使之读书应试。”雍正帝在其奏疏上“朱批”：“山右大约商贾居首，其次者犹肯力农，再次者谋入营伍，最下者方令读书。朕所悉知。”

——《雍正朱批谕旨》，第四十七册，雍正二年五月十二日朱批

• • • • • •

在海外十余年，对于外人批评吾国商业能力，常无辞以对，独至有历史、有基础、能继续发达之山西商业，鄙人常以自夸于世界人之前。

——梁启超《在山西票商欢迎会演说词》，1912年

• • • • • •

平阳、泽、潞豪商大贾甲天下，非数十万不称富。

——王士性《广志绎》

• • • • • •

富室之称雄者，江南则推新安，江北则推山右。

——谢肇淛《五杂俎》

• • • • • •

山右巨商，所立票号，法至精密，人尤敦朴，信用最著。

——《清朝文献通考》，卷十八

1888年，英国汇丰银行一位经理甫将离开中国时，对山西票号、钱庄经营人有过这样一段评论："我不知道我能相信世界上任何地方的人像我相信中国商人或钱庄经营人那样快……这25年来，汇丰银行与上海的中国人作了大宗交易，数目达几亿两之巨，但我们从没有遇到一个骗人的中国人。"

——渠绍淼《晋商兴盛溯源》

· · · · · ·

中国商贾夙称山陕，山陕人智术不能望江浙，其推算不能及江西湖广，而世守商贾之业，唯其心朴而实也。

——清代外交家、首任驻英公使郭嵩焘

· · · · · ·

霭龄坐在一顶十六个农民抬着的轿子里，孔祥熙则骑着马，但是，使这位新娘更为吃惊的是，在这次艰苦的旅行结束时，她发现了一种前所未闻的最奢侈的生活。因为一些重要的银行家住在太谷，所以这里常常被称为"中国的华尔街"。

——罗比·尤恩森《宋氏三姐妹》

· · · · · ·

在上一世纪（19世纪——编者注）乃至以前相当长的一个时期内，中国最富有的省份不是我们现在可以想象的那些地区，而竟然是山西！直到本世纪（20世纪——编者注）初，山西，仍是中国堂而皇之的金融贸易中心。北京、上海、广州、武汉等城市里那些比较像样的金融机构，最高总部大抵都在山西平遥县和太谷县几条寻常的街道间，这些大城市只不过是腰缠万贯的山西商人小试身手的码头而已。

——余秋雨《抱愧山西》

未曾消逝的风华

（代序）

三晋大地是孕育中华民族的热土。距今180余万年前，山西匼河西侯度出现了迄今为止在中国发现的最早的人类。许家窑、丁村、峙峪、北撖……山西几乎保留了旧、新石器时代不同阶段的所有遗存。从那时起，山西曾一度是中华文明的代表。

隋代，雄踞太原的李渊成为天朝大国新的主宰，太原也因此成为大唐帝国的北都。唐代的三晋是一个文化昌达、名人辈出的地方，王维、柳宗元、狄仁杰、河东裴氏……一个个镌刻在青史上的名字，推动着唐代文化登峰造极。当鼎盛的铅华在四起的狼烟中悄然褪尽，宋太宗的铁骑踏过黄河，刘汉王朝灰飞烟灭之后，连年的战火、无休止的争斗，李唐盛极一时的河东文化似乎真的随着太原城那场人为的大火飘零没落了。

有人说，唐代以后的山西乏善可陈，科考不利、文化名人匮乏，山西的文化凋落了，但很少有人注意到，在时代变革、文化演进的浪潮中，山西扬弃旧腐、推陈出新的地域文化特征和独特的文化变迁方式。17世纪以降，在风云诡谲的世界形势中，经济实力成为决定国家兴衰至为重要的因素。当西方凭借坚船利炮不断开拓世界市场、中国依然沉浸在义利之辩中无法自拔时，被梁启超先生“常以自夸于世界人之前”的那些“胡服辫发”的山西商人又一次成为引领时代潮流的群体……时任德国柏林大学校长的李希霍芬男爵曾评价说，山西人“具有卓越的商才和大企业精神，有无比优越的计算智能，有发达的数字意识和金融才华”，因此“中国人好比犹太人，而山西人更像犹太人”。

晋商从默默无闻的引车卖浆者逐渐发展成为“非数十万不称富”的豪商巨贾，纵横捭阖五百余载，足迹遍及大江南北。他们凭着敢为天下先的精神，利用国家政策，抓住历史机遇。他们栉风沐雨，远渡重洋，北至西伯利亚、伊尔库茨克，南抵香港、加尔各答，东到神户、大阪、横滨、仁川，西涉喀什噶尔、塔尔巴哈台，业务涉及盐、茶、粮食、布匹、典当、票号等诸多行业，以独具特色的经商理念与经营艺术，创造了一个个令世人瞩目的商业奇迹。我们山西大学晋商学研究所同仁曾循着晋商的足迹赴东瀛，到欧美，北上恰克图、海参崴收集相关史料。大家无不为昔日晋商“劈开万顷波涛，踏破千里荒漠”的那种艰苦创业、百折不挠的精神所折服。尽管晋商在清末战乱中逐步走向衰败，商业和金融业态的转变使之无法承担起信用制度变迁所带来的庞大交易费用，但他们并没有化作历史的尘埃随风飘逝，其遗留下来的丰富的物质和精神遗产，至今依然影响着我们。

站在平遥、太谷、祁县等古老县城的街道，放眼望去，掩映在夕阳余晖中的是一座座明清晋商的豪宅大院、孕育着郁郁生机的老街，还有那商号店铺的门帘随着进进出出的人们不停地摆动，像少女头饰上随风摇曳的流苏。熙攘而恬静，喧嚣而自然，建筑和人交相融合，很容易让人产生时间上的错觉。思绪的穿越，把我们带回到清代，街面上此起彼伏的吆喝声、票号柜台上眼镜戴在鼻尖上的掌柜、镶满铁钉的大门、被缰绳磨得发亮的花岗石拴马桩……使我们抑制不住钩沉旧事的冲动。

每处遗存都有着自己的故事，每件古物都有着鲜为人知的传说。发现故事讲给世人听，是三晋学人义不容辞的责任。因此，我们会集山西大学晋商学研究所以及经济、历史、教育、体育等学科从事晋商研究的多位学者，捃摭多年研究成果，从晋商盐帮、茶商、典当、票号、镖局、会馆、家族、大院、教育，以及走西口、粮油故道、保晋公司等入手，通过点滴历史事件，深入浅出，图文并茂，向读者展示明清晋商的不同侧面，以期雅俗共赏，弘扬中国传统商业文化。

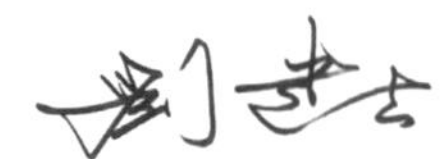

于山西大学晋商学研究所

目录 MULU

前言

晋商研究在最近20多年渐成显学，以山西学者为主的研究队伍不断壮大，研究成果时有推出，学界影响日益广泛。不过，从研究范围来看，主要集中在晋中地区；从研究对象来看，主要是祁县、平遥、太谷、榆次等地的富商家族；从研究内容来看，主要围绕这些商人发家致富兴衰成败的过程以及经营管理的方方面面展开。这些既是研究特色，也是局限。晋商的概念绝不仅限于晋中，应该涵盖整个山西，晋商研究也不能局限于晋中，要放眼山西全境。正是基于这样的认识，晋蒙粮油故道研究自然属于晋商研究范畴。

晋蒙粮油故道是清代前期至民国早期存在于山西北中部与内蒙古中西部之间的一条水陆衔接的重要商路，历时200多年，空间跨越1 300多公里，是近代中国经济社会史，尤其是晋蒙近代区域社会经济史当中的一个全新的研究课题。此前，学术界并未有人对这一问题做过专门研究，甚至连这一概念都没有明确提出过，仅仅有少量相关的研究成果。在这样的背景下，本书比较全面、系统地探讨了这一课题，并以比较通俗的文笔加以叙述，尝试着将严肃学术成果用文学味道较浓的语调轻松表达，应该说不仅具有学术价值，而且具有现实意义，有助于通过让大众分享学术研究新成果这种雅俗共赏的方式普及历史知识。

本书分为十一章来讲述这条粮油商道。

第一章从总体上审视了晋蒙粮油故道这一历史现象，阐述了晋蒙粮油故道概念的提出及其历史依据，概括了它的时间与空间范围，指出了商道上粮、油、盐、碱、中药材、皮毛六类大宗商品，揭示了这条商道的四个主要特点：季节性、单向性、区域性和不均衡性。

第二章从多个方面分析了这条商道兴起的背景与原因。分别概括为：清朝对蒙古地区的有效治理，清朝平定西北边疆及屯垦政策的实施，土默川平原的开垦，后套平原的开垦，走西口浪潮，水路运输较旱路运输的成本优势。

第三章专门论述了山西中北部迫于生存压力的走西口浪潮及其所带来的经济社会影响，特别是对粮油贸易兴起所作出的基础性贡献。

第四章至第十章着重探讨了粮油故道商品的种类、产地及其生产、运输、经营情况，商道上兴起的城镇、码头以及相关的行当职业等，并且每一章以一座沿途商镇码头为引子导出相关的内容。

第四章依托磴口讲述盐、碱的产运销以及官府当局在其中发挥的决定性作用；

第五章以包头的兴起、发展为背景述说粮油与皮毛的生产及商贸经营；

第六章以河口为中心论述土默特地区的开发与粮油故道前期的商业贸易；

第七章围绕鸡鸣三省的河曲码头讲述黄河水运的盛况与船工艄夫的艰辛；

第八章由州治所在的保德引出草场、草店、甘草头等甘草贸易的全过程；

第九章定格在水陆转运枢纽碛口古镇，阐述商人商号商铺商镇的商海风云；

第十章以并不沿黄河的陆路重镇吴城为大本营诉说陆路运输的各个环节。

第十一章是全书的尾声，主要分析商路衰落的原因，论述粮油故道的深远影响及其应有的历史地位。我们认为这条商道作用与影响主要体现在四方面：成就了一批沿线口岸商业城镇，带动了口岸附近乡村的经济发展与转型，促进了晋蒙两地的商品经济发展与交流，有助于山西的社会稳定与内蒙古中西部的开发。这条商道在中国国内商贸历史上，尤其是近代商贸史上占有一席之地，在清代以来山西与内蒙古区域社会经济发展史上具有的重要地位。

第一章

晋蒙粮油故道：一条过去的商路

即将开始的，是关于一条路的故事。

这是一条因为走的人多了，所以成了路的路；也是一条因为人不再走而重新湮没于丛草山石与惊涛的路。这条路，从其发端算起，距我们200多年，而其衰落，还只不过七八十年的样子。我们称他作“故道”，因为他不像丝绸之路那样悠远，因为他已经成为过去。

这条过去的路，是一条商路。北端起自内蒙古的磴口，南面伸向我们山西的省会太原。要是再分岔，还再往南走，一直到如今的临汾（当时的平阳）。由蒙入晋的货物里，以粮油为多，还有盐碱、甘草、皮毛等等。所以，我们仿“丝绸之路”和“茶马古道”，称之为“粮油故道”。

晋蒙粮油故道分两截：从磴口沿黄河至碛口为水路，长约1 120公里；由碛口经吴城到汾阳，过晋中至太原为陆路段，长约240公里。这条路蜿蜒而下，曾经一路繁华，一路风光。现而今，当年商路经行处，已是另一番通衢，另一番景色。

后套平原

土默特平原

吉兰泰盐池
旧磴口
碱柜
乌海
磴口
陕坝
临河
五原
乌拉特前旗
包头
固阳
达拉特旗
土默特右旗
土默特左旗
呼和浩特
托克托
河口
和林格尔
清水河
准格尔旗
鄂尔多斯
杭锦旗
鄂托克旗
石嘴山
阿拉善左旗
银川
吴忠
盐池
靖边
榆林
神木
府谷
河曲
偏关
保德
五寨
岢岚
兴县
岚县
佳县
临县
绥德
延川
碛口
离石
中阳
吴城
汾阳
孝义
介休
交城
平遥
祁县
太谷
太原
晋中
忻州
原平
朔州
山阴
右玉
大同

主要口岸节点　主商道

晋蒙粮油故道示意图

第一节 粮油故道的诞生

晋蒙粮油故道，不同于其同时代的官道驿站，更有异于今日之高速公路有一个总体规划，科学部署，计某日始建、某日竣工，然后开始一条路的使命。晋蒙粮油故道，更像苏氏之谓文，起于其不得不起，而终于其不得不终，顺势而成，时迁则逝，当其为路时，甚至连名字也没有。

我们稽核史实，探访究竟，终于从历史芜杂的册页里发现并描摹出这一条路，并为之命名“晋蒙粮油故道”。从某种角度，或许可以说，当他被命名时，他才真正诞生。而这个诞生，是为了纪念他的过去，为了更好地体贴那条路上先辈的筚路蓝缕和商家令人惊叹的创造力。

关键词：商路 寻绎 史据

对于历史上某一时期的某一类现象，在前人尚未命名的情况下给其取名，必须要有充足的史料依据，否则就没有足够的可信度。根据对商道所涉及地区部分地方史志的初步查阅，发现了一些很有价值的线索，兹举其要。

1. 乾隆朝编成的《孝义县志》“物产民俗”卷记载：本地“人多土瘠，虽丰岁亦不赡，一邑之食多藉外来商贩自延、榆、归化等处木筏装载，由黄河而下至永宁之碛口，复陆运经宁乡至孝，商贩多止孝义，汾、介又自孝义买去，故岁藉补给，又获商人之利焉”。这就是说，孝义人多地贫，粮食要从外购入。路线是从延安、榆林、归化（今呼和浩特）等处装筏，经黄河运至永宁（今山西临县）碛口，然后转陆运，由碛口经宁乡（今山西中阳县一带）至孝义，再到汾、介（山西中部汾阳、介休）。这条史料明确地告诉我们，早在乾隆年间连接今天内蒙古与山西中部的一条水陆相接的商路已经存在。

2. 光绪朝《山西通志》卷七一“盐法略下”记载：吉兰泰盐于乾隆“五十一年准水陆并运，其水运者，至临县之碛口起岸，以下查禁”。吉兰泰盐产于内蒙古西部阿拉善盟境内，其运输路线是先由骆驼驮到磴口，再装船沿黄河运到山西碛口，之后由商贩贩运行销于“引地”（政府规定的销售区域）。这条

黄河

史料又将商路大大向上延伸，水路上溯到内蒙古西部的磴口（今阿拉善左旗巴彦木仁苏木，即旧磴口），陆路扩展到比磴口更靠西的吉兰泰盐池。

3. 同治朝《河曲县志》记载："河曲地界蒙古，民间皆食蒙古盐，河东池盐不能到也。县距托克托城之河口村计程二百九十里，向因土盐不敷，兼食蒙盐。自蒙盐水陆并运以来，民间多食蒙盐"，"河曲土不产稻……稻自甘肃宁夏舟运而来"。道光年间，河曲籍进士黄宅中（1796—1863）在《今黄河原委说》一文中写道："边外沙漠之地平衍无际，溉以黄河之水便成腴田。惟河西草地，例不准汉人开垦。利之所在，民尽趋之，边民私向蒙古人佃耕者，多致富饶……乡人耕商于边外者络绎不绝。宁夏之粳稻，口外之麦粟，造船编筏，顺流而下，河曲先食其利，而后波及于汾平诸郡。"这两条史料既印证了蒙盐（主要指吉盐）内运、分销晋西北这一史实，同时还告诉我们，随着内蒙古平原的开垦，口外粮食经黄河水路输入山西，不仅河曲率先得食，而且惠及遥远的晋中汾州府及晋南平阳府，晋蒙黄河水路从磴口还可上溯至当时甘肃所属之“宁夏”（今银川一带）。

4. 光绪三十三年（1907）编成的《保德州乡土志》记载：“东关在州城山麓黄河南岸，舟行者上由包头，下达碛口。陆行者，东去直豫，西向陕甘。”“保德州赖有黄河，北由包头，南去河南，输运便通，商务受其利益。”当地“食品不足，取之蒙古，出外谋生半居蒙古部落。商贾全赖河上水运粮油，他物绝少”。这几段记载表明，黄河水道不仅由包头达碛口，而且通河南；作为河路上的一个节点，保德州除了水上商运，还有东去河北、河南，西通陕西、甘肃的陆路商贸，但以“水运粮油”为主。

5. 民国年间编成的《绥远通志稿》卷七十“水路”记载：“迄于清初，水路又见恢复，而其始主要运输则在盐而不在粮也”，“自乾隆以还，口外垦殖日广，民殷物阜，出境之油、粮、盐、碱、甘草各货，入境之日用杂货，山西与归绥往来之商运，凡经河路者，皆以托属河口为唯一之码头”。这段话不仅反映了晋蒙两地之水上商运，更道出了商贸货物的品种，即“油、粮、盐、碱、甘草”等，还指出了河口码头的重要性。

6. 民国六年（1917）编印的《临县志》记载：“碛口为县南门户，东北接县川，东南达离石，西南通陕甘，西北连河套，水陆交通颇称繁盛。”新修《临县志》写道：“在京包铁路未建之前的170多年间，每日有50余只木船往来于碛口码头，大批粮、油、皮毛、盐碱、药材等杂货，自陕甘绥蒙等地源源运载而来，棉布、绸缎、茶叶、陶瓷、烟酒、火柴、粉条等物品，自太原、汾州等地由陆路驮运至碛口，转销于大西北。”“黄河流经本县110公里……清乾隆至民国年间，陕、甘、绥、蒙等地货物，通过此航线运达碛口，再用牲口驮运到离石、吴城，转运至东路（汾、平、介、孝等县）。据民国二十年（1931）统计，每年从绥远磴口航至碛口的货船不下4 000余艘。”这几段话，比较清楚地指明了一条从磴口到碛口再到晋中的水陆商路，而且说出了北路来的主要货物有“粮、油、皮毛、盐碱、药材”。

7. 新修《河曲县志》写道：“河曲县历史上就有晋西北的‘水旱码头’之称。……‘南来的茶、布、水、烟、糖，北来的肉、油、皮毛、食盐、粮’在此成交，由水路疏通河套，陆路流通太原等地。”“素有‘河曲鸡鸣三省’之称。

时平绥、北同蒲铁路未通，内蒙古、绥远、陕北和山西北部的贸易，在很大程度上仰赖于黄河这一水上通道”，“内蒙古河套、呼包一带的粮油、畜类、皮毛、食盐，通过船筏运到本县，再由本县‘高脚’驮运至太原等地”。这几段话不仅说明了黄河水运在晋蒙贸易中的重要性，而且也指出了商路上的主要商品是“粮油、畜类、皮毛、食盐”。

通过以上史料记载我们可以清晰地看到，从乾隆年间到民国时期，有一条商路将晋蒙两地连通，其主道始于磴口，沿黄河而至碛口，上岸后经离石到汾阳，再到太原，商路上由蒙入晋的货物以粮油、盐碱、甘草、皮毛为多。这就为“晋蒙粮油故道”概念的提出提供了充分的依据。

第二节 故道的时空迁延

我们以时空为坐标，以明确地探知这条路的来向与去途；我们复原这条路上曾经的熙攘，以感知世事变迁与沧桑的原解。

关键词：经行 货运 命名

一、商路经行处

晋蒙粮油故道之水路始于内蒙古自治区西部阿拉善左旗的旧磴口（今巴彦木仁苏木）黄河码头，沿黄河而下，经磴口县、临河市、杭锦旗、五原县、乌拉特前旗、包头市、达拉特旗、土默特右旗、托克托县、准格尔旗、清水河县进入山西，经偏关县、河曲县、保德县、兴县至临县碛口码头；与其衔接的陆路始于碛口，主道经南沟、离石、吴城，翻黄芦岭到汾阳，再经文水、交城、清徐到太原。黄河水路长约 1 120 公里，其中内蒙古段约 826 公里（到河曲）；山西境内陆路长约 240 公里。水陆总计约 1 360 公里，其中陆路约占 17.6%。

碛口古渡

旧磴口作为吉盐装船之码头在晋蒙粮油故道上有着特殊意义，所以将其作为这条商道的起点。但这并不意味着磴口以上的路段与商道就没有任何关系，更不是说以上就不能航行了。事实上，黄河下行航道的起点在青海，经甘肃、宁夏至内蒙古，均可顺水畅行。晋蒙粮油故道是黄河上游航线的自然延续，青海、甘肃、宁夏的皮毛、药材、粮食等货物下运包头、河口并不少见，当地地方史志对此多有记载，只是由于距离太远，下达碛口者极少。

碛口成为晋蒙粮油故道黄河水路的终点，主要有两个原因：其一，碛口段河道狭窄，坡度大且暗礁丛生，船只通过十分困难、危险；其二，碛口处于由黄河进入山西中部的最佳位置。

碛口与榆次、清徐处于相同的纬度，黄河运下的货物由此起岸转运晋中线路最短，从晋中、太原东来的货物由此渡河同样如此。而且，湫水河既造就了碛口这一河宽水缓的天然良港，也为穿越吕梁山进入晋中腹地提供了一条天然孔道。因而，碛口义不容辞地担当起由水路转为陆路的水旱码头的使命，自然成为晋蒙粮油故道黄河水路的终点。

当然，这并不意味着自上游而下的黄河航运就此结束，再没有任何货物继续南运，而只是说黄河水路到此告一段落，绝大部分货物都要上岸转为陆运。也有极少量货物，主要是中药材，还会继续南下运到潼关、河南，只是必须要过“冲碛”这一险关。商家要赌一把“过碛”，货物需重新装船，由当地熟悉水性、富有经验、胆大心细的老艄们驾船方敢下行。即使如此也不能保证过碛的绝对安全，船毁人亡的悲剧仍可能发生。

二、商路时间定位

关于商道的兴起有两个时间概念：这条商道早在康熙年间就已经部分开通。康熙三十一年（1692），康熙皇帝就曾打算将“宁夏米谷运至西安”，并派大臣硕鼐勘查黄河水路。至于这次长途水运实现了没有，还有待进一步查证。康熙三十六年（1697），康熙皇帝谕大学士伊桑阿，“将湖滩河朔积贮米或五千石……顺流而下（运）至保德州”。这一举措基本得到了落实。这样，

黄河水路

黄河托县河口至保德州的水路在康熙朝中后期已经开通。另据光绪三年(1877)刻本《永宁州志》记载，康熙末年大旱，碛口人陈三锡从河口买米，转运至碛口招商设肆，解民之难。这也证实了当时内蒙古河口至山西碛口水路已经由民间开通。

到乾隆年间，这条水陆商道实现了全线贯通。乾隆八年（1743），山西巡抚刘于义就筹划将口外之米以牛皮混沌运入内地之事所上奏折称："归化城、托克托城等处，离太原千有余里……若以陆路转运，车骡雇价为费甚多，运到内地已与市价相去无几，商贩惟有乘大青山木筏之便带运米石。然木筏每年为数有限，故带运米亦不多。又有商人造船载运，因黄河之水建瓴而来，河中又多沙碛湍急，运米之船只能顺水而下，不能复逆流而上。"因此，刘于义"于保德州买米三十八仓石，令装入混沌试运，不过四日，已至于永宁州碛口地方。……陆运至汾州，每石较市价可减银四钱；陆运至太原，每石较市价可减银二钱"。联系吉兰泰盐于乾隆"五十一年准水陆并运，其水运者，至临县之碛口起岸"的史实，以及前引《孝义县志》的关于"蒙粮晋用"的记载，由旧磴口到碛口再到汾阳、太原 1 300 多公里的晋蒙商道全线开通。

商道衰落的时间是明确的，大约是 20 世纪二三十年代。主要是由于京包铁路（1923），特别是山西境内数条主要公路及北同蒲铁路于 1920—1937 年修通后，晋蒙之间货物运输的水上优势不复存在，因而这条商道不可逆转地走向衰落。另外，1937 年日本军队占领河口、包头后，切断了黄河正常的水运，加上日军对河曲、保德、碛口的多次侵扰、烧杀、轰炸，商业难以为继，延续了两个多世纪的商道被彻底阻断。

这样算来，晋蒙粮油故道存在的时间，如果仅就黄河水道而言，应当在 250 年左右；如果以全线贯通来说，大约为 200 年。

还需要说明一下“故道”一词的选用。中国古代曾经存在过几条重要的商贸路线，最著名的是贯通中国大西北，直达中亚、欧洲的“丝绸之路”，以及中国沿海通往南洋、南亚、波斯湾、非洲的“海上丝绸之路”，还有大西南的滇藏“茶马古道”等。关于这条商道，曾经也考虑过使用“粮油古道”、“粮油之路”的名称，但仔细推敲后发现两者均不够妥帖。首先，这条商道并不古老，从其发端算起距今也不过 200 多年，如果从其衰落来看也就是七八十年前的事，算不上古老，“粮油古道”一词不能用。“粮油之路”一词倒并非不能用，遗憾的是时间上的含义变得模糊了，这条商路究竟是过去的还是今天的，没表达清楚，所以也不好用。现在所使用的“粮油故道”一词，既表达了这是一条“过去的”、“曾经的”商路，有了时间上的指向，弥补了“粮油之路”的不足，同时也避免了“粮油古道”的不妥。所以，最终将这条商路取名为“晋蒙粮油故道”。

三、六大商品，粮油为主

经过这条粮油故道，由内蒙古运到山西的货物有粮、油、盐、碱、药材、皮毛六大类。其中，粮油是最大宗的商品。尽管《绥远通志稿》说“其始，主要运输则在盐而不在粮”，但黄河盐运，尤其河口（内蒙古托克托县境内）以下时断时续，不少时间处于禁运状态。其他如碱、药材、皮毛等货物，相对于粮油运量要小得多。毕竟粮油是人民日常生活之必需品，山西地区缺口较大，而内蒙古“垦殖日广，民殷物阜”，有多余粮食、油料可供输出，自然应该是主要的商品。《保德州乡土志》所言“食品不足，取之蒙古……商贾全赖河上水运粮油，他物绝少”，以及水路终点碛口镇现在依然完整保存下来的众多经营粮油的大院和骆驼大店，可资佐证。

粮油故道不是一个排他性的概念，粮油只是商道上运量最大的货物，不能推论出此道仅运粮油而不运其他货物。就像著名的“丝绸之路”、“茶叶之路”也并非只运输丝绸和茶叶，其他货物肯定也会有，但并没有人对其名称提出异议，也不妨碍这两个专用名词的广为流传。

四、商路流向

晋蒙粮油故道以北货南运、西货东运为主，但也不完全排除东货西运。除了前文提及的河口、包头货船逆流西行，给宁夏、甘肃运去布匹、烟茶等日用杂货，还需要说明的是陆路上的东货西运。

粮油故道全线开通后，尤其是道光、咸丰朝以来，随着大清帝国国门被迫打开，各种“洋货”输入中国，先是在沿海，随后渐渐向内地渗透，与此同时，新式民族工业企业也出现了。到光绪年间，洋布、洋火、洋油、洋烟、洋钉等日用“洋板货”及绸缎、茶叶、京广杂货开

当时碛口的众多商铺中就有洋火店、烟草店、花布行及经营“洋板货”的杂货店。

始由太原、晋中一带运销碛口，然后再渡黄河远售陕北、宁夏、绥远等地。货物由碛口渡河先运到佳县南端的商贸重地螅镇（螅蜊峪），之后既可西进，又可北上，也可南下。北上则沿着坑镇—米脂—镇川—鱼河堡—榆林一线，过沙漠进入内蒙古鄂尔多斯，可达包头。20 世纪 30 年代碛口首富寨子山陈敬梓在碛口至榆林沿途开了大约 40 家店铺，做的就是东货西运生意。西行则在到达鱼河堡后，经响水—波罗堡—横山—靖边—安边—定边，进入宁夏盐池，可达吴忠、银川。大盛魁商号的“碛口办事处”，主要经营的就是将京广杂货西运到宁夏、甘肃的生意。南下则经米脂—绥德—清涧，可达延川、延安。当然，东货西运的量不能高估，尤其运赴河套、宁夏之货量不会大。

另外，碛口还是西货东来的中转站，陕甘一带的皮毛、碱、草药甚至粮油也有一定数量过黄河运到碛口，再转售其他地区。

五、商路支线

晋蒙粮油故道 1 300 多公里的水陆运输线是指商路的主干线，不论上游还是下游，主干路两旁都会有许多支线，或者向主线供应货物，或者从主线运销货物。一般来说，上游内蒙古段各条支线以供货为主，下游山西段若干支线以运销为主。上游的供货支线有阿拉善盟从吉兰泰盐池到旧磴口的运盐驼路，五原、临河一带各大干渠的运粮水道，杭锦旗、达拉特旗的甘草驮运线，鄂托克旗的运碱驼路，归绥平原沿大黑河的粮食运输线等。

其中“吉磴驼路”最为著名。吉磴驼路的前身开辟于清初康熙年间，原先是为了驮运贡品，同时成为阿拉善地区的皮毛、药材等特产外运以及输入日用品的主要通道。乾隆以来，随着吉兰泰盐池的大开发，这条驼路又成为吉盐东运的唯一道路。驼路总长 105 公里，全程共设五站。起始站为吉兰泰盐池，向东行约 20 公里至哈沙图为第二站；然后转东北方向行 22.5 公里，经宝鲁毛道、喇嘛乌素、浩尼奇里格至第三站包尔呼舒；再行 22.5 公里，经查干套海、查干陶勒盖至第四站查干扎干；最后东行 30 公里，经道劳哈尔僧、毛格尔图希勒抵达终点站磴口。整个驼路穿行于乌兰布和沙漠之中，只有骆

晋商驼队行进在沙漠中

驼方能行走，大量吉兰泰盐就是由这条驼路运往磴口装船下运，所以在晋蒙商道上有着特殊重要性。

六、商路的晋省码头

进入山西境内，黄河上的码头渡口密度远大于内蒙古。

偏关 30 多公里的黄河上就有老牛湾、万家寨、关河口、黑豆埝、寺沟口五个渡口。其中最重要的是关河口，内蒙古运下的粮油、食盐、皮毛等货物有一部分从这里上岸，沿关河谷地运往县城，再通过“偏朔道”、“偏阳道”、“偏岢道”三条官道转运平鲁、朔县、五寨、神池、宁武、岢岚等地。

河曲 76 公里的黄河水道有娘娘滩渡、太子滩渡、羊圈子渡、九梁津渡、杨面渡、大汕渡、大口渡、芽子坡渡等渡口八处。当然，最重要的是河曲码头，内蒙古来货上岸后，顺东南转运道，主要由骡子驮运到县域腹地及神池、宁武、五寨、岢岚、岚县、太原等地。

保德 60 公里黄河上有铁匠铺、东关、花园、韩家川、林遮峪、冯家川六个渡口。其中东关渡、冯家川渡为大河要津，以东关码头最为重要，北路来货在此起岸后，出州城南门经大墕墩、下流碛、桥头、石埈湾、曹虎、大塔铺、科举铺，进入岢岚县，直至太原。

黄河老牛湾

黄河流经兴县 82 公里，清末民初，有南会、裴家川口、黑峪口、巡检司、罗峪口、石灰沟、牛家川、李家畔、大峪口等古渡九处。其中黑峪口是主要的货物集散地，上游来货起岸后沿蔚汾河谷地先达县城，然后分东、南、北三路续行。东路经东家庄铺、阳会崖铺、界河口铺至岚县，可通太原；南路经平渊头铺（今北查沟）、柏树坡铺（今刘家庄）、康宁庄铺、界堠墕铺（今乌门口）至临县重镇白文；北路经触河沟铺（今贺家圪台）、苏家吉铺、赤峪沟铺（今马家沟）可至县境北部。

临县 110 公里黄河沿岸有渡口十一个。其中最主要的是碛口，货物在碛口上岸后，分南、北、东三路续运。除了东路主道经樊家沟村、南沟、梁家岔通离石、吴城，达汾阳、晋中、太原外；北路沿湫水河谷地经三交、县城、白文，可到兴县；南路出县境经孟门到柳林县城。

主道由碛口到离石后，除继续东行至吴城外，又分出南道至宁乡（今中阳县）、孝义。而主道达汾阳后，一路经文水、交城、清徐至太原，另一路经平遥、祁县、太谷到榆次，还有一路经介休到灵石。

从上游内蒙古运下的粮油等货物在沿黄河各主要码头都会有不同数量起岸，然后沿着上述各条支线运销到目的地。

第三节 粮油故道之性格

同样作为路，高速公路和粮油故道有什么不同？打个比方，前者如今日大一统的城建，宽敞气派却毫无特色，甲像乙，乙像丙丁；故道，则好比硕果仅存的特色小镇，它与其他是那么的不同，它拥有自己的脾气性格，用它，要顺着它。在这条路上，你最能体会人与天与自然的和谐统一。

关键词：季节性　单向性　区域性　不均衡性

一、粮油故道的季节性

晋蒙粮油故道是一条季节性商道。黄河冬天要结冰，航运就要停止，商道的水上部分也就不得不封道。河曲县城以下 9 公里的天然峡口石窑砵是黄河上中游的最下封冻点，每年只有不到 7 个月的时间可以航行。也就是说，这条水上商路一年有四五个月的冬歇期。另外，黄河中游每逢伏天，都会发

黄河河曲渡口水面结冰，船只便无法通行。

生伏汛（洪水），对船筏的威胁较大，黄河上的航运也会明显减少。而在盛夏，陆路运输的主力骆驼也需要“歇伏”。所以，夏天这条商道也会有一个多月的淡季，所谓“杏黄麦熟买卖稀”指的就是这段时间。冬歇期加上伏天淡季，晋蒙粮油故道每年要有五六个月的歇业期，真正的有效营运时间大约为六七个月。正如山西巡抚刘于义在给乾隆皇帝的奏折中所称：“一岁中止可运六个月，三月、四月、五月、七月、八月、九月可以运米，唯六月中风涛太大，十月以后天气寒冷，难于运转。”

二、粮油故道的单向性

晋蒙粮油故道基本上是一条只能下行的单向商道。黄河从源头到入海口落差为 4 480 米，其中近 4 400 米落差集中在上中游，1 206 公里的中游河道总落差 890 米，与粮油故道关系最密切的河口至碛口 440 多公里河段海拔高度由 989 米降为 657 米，平均比降为 7.5‰。加之这段黄河有许多“碛”，给

属于晋陕峡谷的黄河河道总体上比较狭窄，水流湍急。

航行带来很大困难。顺流而下时，虽然顺风顺水，不费多少力气，但过碛有一定危险。最为惊险的有偏关老牛碛、河曲龙口碛和死河碛、保德天桥碛、兴县罗峪碛、佳县葭芦碛、临县大同碛等，都是需要有经验的老艄掌舵才敢闯碛。如果想逆流而上，那就更困难了，特别是重船，很难拉得上去。

由于自然条件所限，从碛口至河曲将近 300 公里的河段上行之船极少，偶尔有纤夫拉船北上，多数是装少许“东路货”、“招贤粗瓷”和铁器至佳县、兴县，再往上行者更少之又少。河曲至河口，木船勉强可以由纤夫拉着逆行，但一般不能重载，仅可以捎带一些质地较轻的“贵重货”。

当然，河口往上至包头、旧磴口，乃至宁夏银川，由于河套平原地势较为平坦，黄河落差很小，流速缓慢，所以重船逆流而上是没有问题的，但这只是局部现象。就整个晋蒙黄河河路来说，绝没有从碛口全程逆流而上至河口、磴口的任何船筏，就连河曲溯水而上到河口的货船也不多。

因此，晋蒙粮油故道是一条“只见蒙地货物下运，少见晋省货物上运”的单向商路。正如民国十五年（1926）九月出版，由山西教育厅编辑的初级小学补习科用《商业课本》第一册第二十八课“碛口”写道：“碛口所来去的货物，约计如下：南路：来货无；去货小米、麦、豆。北路：来货油、盐、鄂套碱、杂粮；去货无。据上所述，南路无来货，北路无去货，俱是因为黄河水运不能用木板船上行的缘故。”

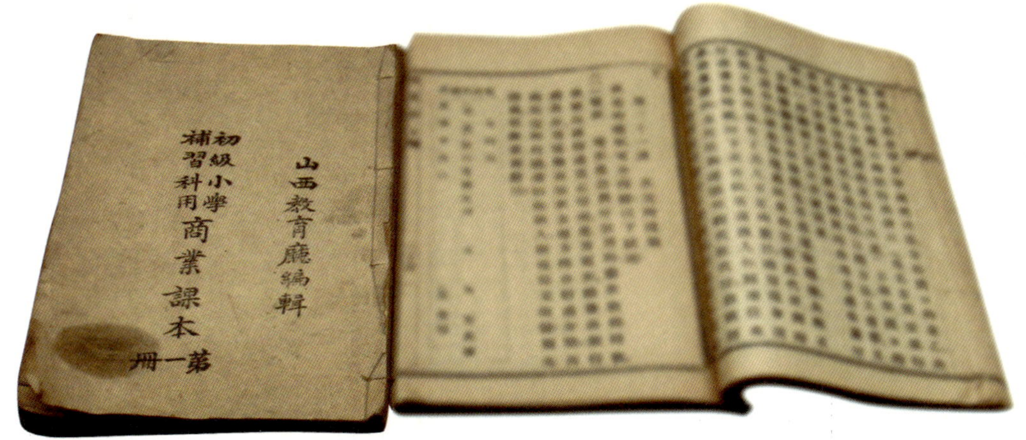

◎ 民国十五年（1926），山西教育厅编辑的初级小学补习科用《商业课本》（第一册）第二十八课“碛口”中就介绍了相关内容。

三、粮油故道的区域性

晋蒙粮油故道是一条区域性商道。今天看来，沟通的是山西中北部与内蒙古中西部，但在当时，内蒙古中西部即绥远地区是归山西辖治的，所以这条商道其实不过是在山西境内“口里”与“口外”通行而已。

清朝建立后，特别是康熙、雍正朝以来，由于农业开发的客观需要，大批山西人以走西口的形式进入内蒙古中部及西部，清政府不得不调整统治方式，开始实行“旗厅并存，蒙汉分治”的政策。简而言之，就是在蒙古族占优的地区继续实行盟旗制度，而在汉族较多的地区则设厅以治（厅的级别大致相当于直隶州和县）。雍正元年（1723），设置归化城理事同知，隶属于山西大同府，后改隶朔平府。由此开启了山西巡抚管理绥远地区的先例。乾隆元年（1736），在归化城东北建绥远城。乾隆二年（1737），移右卫之建威将军驻守，作为归化地区和西二盟最高军事长官。乾隆三年（1738），设置绥远城理事同知。这“自然是基于将归化地区与山西合并为一体的考虑，同时也为山西地方官员移治塞外开了先例”。乾隆六年（1741），“设置山西总理

清代归化城（今呼和浩特）北门

旗民蒙古事务分巡归绥道”，改归化城理事同知为归化城直隶厅，连同绥远城理事同知、萨拉齐协理笔帖式、善代协理笔帖式、清水河协理通判、托克托协理笔帖式、和林格尔协理通判一并由归绥道管辖，标志着这一地区成为山西省的一个有机组成部分。到乾隆二十五年（1760），清政府又在绥远地区陆续改设了萨拉齐厅、丰镇厅、清水河厅、托克托厅、宁远厅、和林格尔厅，与归化城厅一道形成隶属于山西省的口外七厅。

晋蒙粮油故道主要是从归化城厅、萨拉齐厅、清水河厅、托克托厅、和林格尔厅向山西输出商品粮油等货物，由于这些地区隶属于山西，所以，在很大程度上这条商道又具有山西境内“口里”与“口外”通商的性质。

四、粮油故道运输的不均衡性

晋蒙粮油故道是一条发展变化着的商道。其 200 多年的历史大致可以分为兴起、发展、鼎盛、衰落四个阶段。康熙后期至乾隆前期为兴起阶段，乾隆后期经嘉庆、道光、咸丰、同治各朝为发展阶段，光绪至民国初期为鼎盛

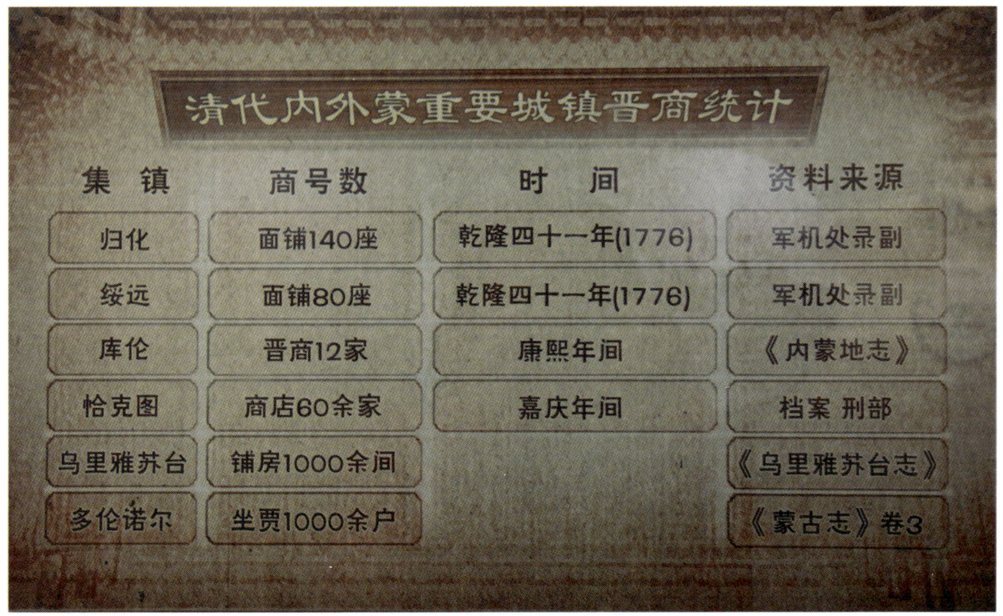

清代内外蒙重要城镇晋商统计

集镇	商号数	时间	资料来源
归化	面铺140座	乾隆四十一年(1776)	军机处录副
绥远	面铺80座	乾隆四十一年(1776)	军机处录副
库伦	晋商12家	康熙年间	《内蒙地志》
恰克图	商店60余家	嘉庆年间	档案 刑部
乌里雅苏台	铺房1000余间		《乌里雅苏台志》
多伦诺尔	坐贾1000余户		《蒙古志》卷3

清代内外蒙重要城镇晋商统计

阶段，民国十二年（1923）京包铁路修通至北同蒲铁路修通（1937）时期为衰落阶段。

不同时期这条商路的商品运输量是大不一样的。兴起阶段的运输处于偶发状态，河上船筏数量有限，货物运量不会很大，且品种较少，主要是盐、碱、粮、油；发展阶段河上船筏逐渐多了起来，货物运输量及商品种类也在增加，除了盐、碱、粮、油外，增加了各种中草药及皮毛；鼎盛阶段河路上的船筏、陆路上的骆驼不仅数量大大增加，而且基本处于有规律的运输状态，货物种类齐全，数量较大；衰落阶段的运量则不断减少萎缩，直到最后基本没有了长距离的水陆运输，仅剩下短途小量货运，晋蒙商道不复存在。

晋蒙粮油故道的不均衡性还表现在另外三方面：一是吉兰泰盐的黄河水运并非经常性的。只有在清政府特许的情况下才能运输，否则是不能水运的，尤其对河口以下至碛口的水运控制尤为严格。二是粮食运输和山西中北部的收成好坏密切相关。如果是丰年，蒙粮内运必然不会太多；如果是灾年，特别是较严重的歉收，运量就会增加，尤其是当政府出面采购赈灾粮食的时候，内运的粮食会更多。当然，蒙粮内运的数量还要受到绥远、河套地区本身丰歉的制约。三是以甘草为主的中草药内运主要集中在中后期，道光朝以后才渐渐多了起来，至光绪朝及民国年间运量达到高峰。

第二章

粮油故道的兴起与繁盛

在中国，比较富庶的、有一定余粮的地区大多在东部、南部，而缺粮区多在中西部、北部。因此，商路的常态是由东而西，由南而北。但晋蒙粮油故道却反其道而行之，他带着来自广袤的土默特平原与后套平原的粮油等货物，沿黄河顺流而下，纵贯三晋，成为少见的南北向的单行道。

蒙古大漠人烟稀少的荒野变身“塞外粮仓”，成为粮油故道的货源供应地，原因有三：清朝对此地区采取了独特而富有成效的政治经济管理，使民众乐而聚之，安居乐业；康雍乾三朝的西北用兵及大规模水利开发，是当地农业迅猛发展的内外动因；水道之便，是商道运输成本最小化的选择。

历史是由人创造的。粮油故道的兴盛史，如他所依傍的黄河一般，有狂飙巨浪的惊心动魄，也有一马平川的理所当然。

第一节　三管齐下治蒙古

任何经济社会现象都是在一定的政治背景下发生的。黄河之水流淌了几千年，但在以往的任何朝代都没有造就出一条沟通内蒙古与山西的商路，唯有到了清代出现了“晋蒙粮油故道”。这绝非历史的偶然。清初统治者对蒙古地区行之有效的管理是商道出现的背景。

关键词：理藩　盟旗　宗教

在中国历史上，北疆边患令历代中原王朝所苦恼。两汉苦于匈奴之扰，隋唐困于突厥之患，宋朝深受契丹之害，到了明代蒙古一直是心腹之痛，曾发生英宗皇帝沦为蒙古俘虏之辱。清朝取代明朝统一中国，成功地将蒙古民族置于中央管辖之下，开创了对北部边疆少数民族地区统治的新局面。

崇德元年（1636），皇太极创立了主管少数民族事务的专门机构——蒙古承政，俗称“蒙古衙门”。崇德三年（1638）六月，改名理藩院。《光绪会典事例》卷二十记载，康熙曾追述当年设理藩院的用意说：“太宗文皇帝时，蒙古部落尽来归附，设立理藩院，专管外藩事务。”可见皇太极改“蒙古衙门”为理藩院，主要还是管理蒙古族事务。为了一个民族的事务专设一个管理机构，足以说明清政府对蒙古地区的高度重视。随着清王朝统治范围的扩大，直到18世纪以后，理藩院才成为管理少数民族事务的机构，统管内外蒙古、察哈尔、青海、西藏、新疆以及西南地区土司各少数民族事务，同时还兼办部分与外国通商及外事交接。

在中央设置理藩院，在蒙古地区则实行盟旗制度。早在满洲入关之前的清崇德元年（1636），漠南蒙古十六部就已归附后金。入关以后与蒙古的关系进一步密切。到康熙三十年（1691），漠北蒙古三大汗部尽皆归顺，成为清朝疆域的组成部分。只有远在新疆的漠西蒙古尚未完全统一。

清政府在尊重蒙古族原有社会组织的基础上，结合满族八旗制度，在蒙古地区广泛推行盟旗管理。在漠南、漠北和漠西蒙古共设 18 盟 197 旗，其中漠南蒙古设 6 盟 49 旗。盟并非真正的一级行政机构，主要办理会盟事务，盟长从所属各旗首领扎萨克当中选任，报理藩院认可，在理藩院和各旗之间起监督联系作用。旗则是实实在在的一级行政组织，由首脑扎萨克总理旗内政治、经济、社会各项事务。旗内实行丁佐制，一户为一丁，十五丁为一佐，设佐领管理。盟旗制度使蒙古社会得到有效管理。同时，清政府在蒙古地区还设立将军、都统、大臣等，代表中央对所辖盟旗实行监督控制。

理藩院是清朝统治蒙古、回部及西藏等少数民族的最高权力机构。

清政府还巧妙运用了宗教这一精神手段，利用当时已在蒙古广泛流行的喇嘛教作为对蒙古的统治手段。

喇嘛教当时已流行于青海地区，所以在蒙古的阿勒坦（俺答）汗（1507—1582）占领青海地区以后，喇嘛教就传到了蒙古人中间。阿勒坦汗迎来宗喀巴的三传弟子索南嘉措，尊为达赖喇嘛（三世），又将他迎至归化（今呼和浩特西南）传教。从此，喇嘛教格鲁派（黄教）就在东西蒙古广泛传播。三世达赖死后，阿勒坦汗的曾孙被认定为转世灵童，立为四世

位于内蒙古呼和浩特市旧城东南部的五塔寺，原名金刚座舍利宝塔，是一座砖石结构的喇嘛教塔。因塔座上有五座方形舍利塔，故名为五塔寺。

达赖。因而，在宗教上，黄教统一了蒙古。清政府在漠南蒙古广设喇嘛教寺院，使蒙民心无二志，皆大欢喜。

总体来说，清政府在蒙古地区实行“怀之以德”、“因俗而治”的统治方针。他们一方面与蒙古贵族结成同盟，保持良好的政治关系；另一方面“修其教不易其俗，齐其政不易其宜”。这些措施保证了中央政府对蒙古的有效统治，为蒙古地区的社会稳定、经济发展创造了条件。

第二节 西北用兵，粮草先行

大兵未动，粮草先行。清康雍乾三朝对蒙古准噶尔部长时间的用兵，促使绥远地区大规模的农业开垦。这是粮油故道兴起的直接推动力。兵用有余转向民间，土默特平原成为粮油故道的先期货源地。

关键词：八旗守边 晋商舞袖 塞外江南

一、从右卫到归绥

清初，虽然统一了漠南、漠北蒙古，但未能统一漠西卫拉特蒙古。康熙中期，卫拉特蒙古的一支准噶尔部逐步控制了天山南北广阔地区，在西起巴尔喀什湖，北越阿尔泰山，东到吐鲁番，西南至塔拉斯河的中国西部边疆地区，与清王朝对峙。

杀虎口的康熙亲征像

康熙二十七年（1688），准噶尔部噶尔丹掀起大规模武装叛乱。清政府从康熙二十九年（1690）起，经过长达半个多世纪的斗争，终于在乾隆二十二年（1757），完全平定叛乱，统一了全国。

为进击准噶尔蒙古部方

便，清廷在长城沿线设置了大型八旗驻防城。之所以设置八旗驻防城，康熙有自己的考虑。西北用兵之前，康熙刚刚倾全国之力用八年时间削平吴三桂发动的“三藩之乱”。从“三藩之乱”中清廷得到两点深刻的教训：一是“八旗满洲系国家根本”，只有自己民族的武装才真正可信赖。康熙皇帝曾云:“满兵纵至粮缺，艰难困迫而死，断无二心。若绿旗兵丁，至粮绝少时或窘迫，即至怨愤作乱。”二是为有效地控制全国，需在要害之地增设八旗驻防兵，从而形成一个控制和震慑地方的军事网络。这套八旗驻防军事体系，清廷的设计主要有三大部分：第一是沿长江、大运河、黄河、沿海地区的为防止汉族人反抗的驻防体系；第二是为对付蒙古族而于长城沿线设立的控制体系；第三是为防止沙俄扩张而在东北故里设置的驻防体系。规模较大的右卫八旗驻

北征督运图册

清康熙三十五年（1696），新疆准噶尔贵族噶尔丹发动了分裂祖国的叛乱。晋商范毓馪兄弟三次自费办粮以应军需，随军辗转万里大漠，十几年间运送粮秣100余万石，节约国库运费600多万两白银，而且是尽职尽责，克期必至。山西商人在为维护国家统一做出贡献的同时，也为晋商赢得了信任和发展的机会。

防就是在这种历史背景下设置的。

今天的右卫，只是以“塞上绿洲”闻名全国的山西省右玉县的一个小镇。清时右卫，因控扼着汉蒙交通的要塞杀虎口，而以其军事与经济地位成为当时统治者不可忽略之重地。

康熙三十一年（1692），康熙皇帝开始着手右卫驻防的具体事宜。这里还有一个小插曲。康熙命户部尚书和兵部尚书负责此事，两位尚书现场查勘过后，认为可以把右卫百姓移出城外，城中盖造房屋以驻兵。康熙批复说：“城内居民，若令移于郭外，必致困苦，可勿令迁移，照常居住；若造官兵房屋，城内难容，即于城外建造。”办大事而不捐细节，惜民力纯出乎自然。满洲人以十三副遗甲起事而一统天下，绝非幸致。

右卫军事机构是为消灭准噶尔部叛乱而设。战争中，除了常态的军事补给功能外，亦有“直面战场”的机会。康熙三十五年（1696）春，康熙第二次亲征时，命右卫将军费扬古率以右卫八旗兵为核心的西路军北征。五月，在昭莫多地方与噶尔丹军展开血战，致使噶尔丹的精锐部队损失殆尽，噶尔丹仅率数十骑逃走，这就是历史上著名的“昭莫多之战”。右卫八旗兵因此而威名远扬。

清时右卫将军从康熙三十一年（1692）始设，止于乾隆二年（1737）。历时 46 年，共有希福、费扬古等 8 位将军就任。随着西北八旗防务体系和准噶尔军情的变化，清廷驻防重心逐渐北移，乾隆二年（1737），右卫将军迁驻于绥远城。

延伸阅读

十三副遗甲起事，明万历十年（1582），努尔哈赤的祖父建州左卫都指挥觉昌安、父亲塔克世遭明军杀害。为了补偿他们的冤死，努尔哈赤被袭封建州左卫都指挥使。努尔哈赤次年就以祖父和父亲的十三副遗甲起兵，拉开了统一女真的历史序幕。1616 年努尔哈赤称汗，建大金，史称后金。

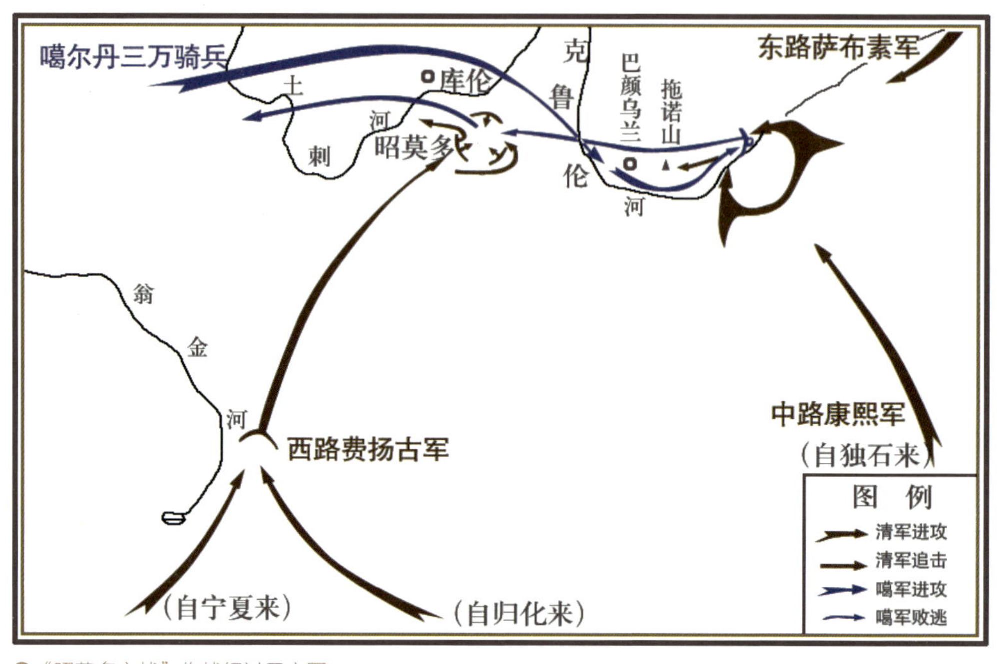

"昭莫多之战"作战经过示意图

清代的"归绥",由著名的"归化"、"绥远"二城而得名,即今内蒙古呼和浩特地区,当时归山西省管辖。归化建于明万历三年(1575),由明代土默特部落首领阿勒坦汗主持兴建;绥远建于清乾隆二年(1737),最初用意是安排从漠北撤回的军士。乾隆之后,将归、绥二城统一管理,故称这一地区为"归绥",是当时塞外重要的政治、经济、文化中心。

清代的八旗兵,除当兵食饷外,不从事其他生产活动,日常生活用品全靠外界供应和自行购买,晋商因此而得以大展身手。右卫驻防城设置后,大量晋商云集于此,从事南北物资贸易,杀虎口一带空前繁荣。右卫将军迁驻绥远城后,大批晋商随之而去,绥远城晋商店铺林立,最热闹的当数饭铺。据文献记载:"归化仅弹丸之地,戏楼酒肆大小数十百区,镇日间燔炙煎熬,管弦呕哑,选声择味,列坐喧呼。问之则曰:某店肆新开燕贺请客也;又问之则曰:某店肆算账盈余请客也;再问则曰:某店肆歇业亏本抵债请客也。循环终岁,络绎不休。而开设戏楼酒肆之家亦复彼此效尤,恣情挥霍,不数月而转易他姓矣。"

二、土默特平原崭露头角

蒙古地区介于清朝腹地与准噶尔之间，既是京师西进的前哨，又是西北用兵的后方，战略地位十分重要。因此清政府将大量军队集结于此，并把原驻长城以里的右卫八旗兵移驻归化城。为了解决这些驻军所需军粮，清政府以“庄头地”、“公主府地”、“大粮地”、“马厂地”等多种形式在归化城土默特进行了大规模的农田开垦，成为日后商道兴起的直接推动力。

土默特平原位于大青山以南、黄河以北，西至包头，东至卓资山、凉城县界，涵盖今天的呼和浩特市、土默特左旗、土默特右旗、托克托县、和林格尔县，地势平坦，面积广袤。而且，由于土默特首领阿勒坦汗同明朝和平互市，这里汉族农民在明末已有十余万人，农业发展已有相当基础。

台站地是清王朝在蒙古地区设立的驿站周围 20 公里范围的土地，供台站差役和蒙古士兵使用。归化城土默特地区有四站。康熙三十四年（1695），清政府为了供应驻扎军队的粮饷，用“跑马圈地”的方法，圈占了土默特平川的大片土地，设立了 13 个官庄，俗称“十三圈地”。每庄领地 18 顷，后增至 60 顷，称“庄头地”，招徕汉族农民耕种，所产粮食供军需之用。这是官方最早有组织的农垦。

康熙三十六年（1697），为了加强与蒙古贵族的关系，康熙皇帝将恪靖公主嫁给土谢图汗的孙子。公主与额驸最初住在清水河，土默特旗以“效纳”的形式划给大片土地。康熙末年，公主移住归化城，又得到土默特归化城一带数万亩土地。这些土地称“公主府地”，康熙皇帝批准招募汉民耕种。

大规模的农业开垦始于雍正及乾隆初期。这时，对准噶尔部的战争已经取得重大胜利，战线大大西移，驻防山西右卫的八旗兵已移师归化。

这样一来，原来的“庄头地”就远远不能满足军粮供应。雍正初年，清政府在和林格尔、清水河一带划出“马厂”两处供右卫八旗驻军牧马使用。雍正十三年（1735），又把土默特左翼旗境内八处较肥沃的土地作为大粮官地，饬交地方征粮，以备军用。雍正皇帝同时下诏：令府、州、县官“劝谕百姓开垦地亩，不使膏腴荒弃”。还把清水河的公主府地也拨为这种粮地，这就是

商人、店铺和马车

俗称的“大粮地”。乾隆三年（1738），清政府又在归化城附近划出“二万四千十六顷五十亩”土地作为“马厂地”，供绥远新城八旗驻军使用。

总之，从康熙中期到乾隆初年，归化城土默特一带的农田得以大量开垦，乾隆八年（1743），归化城土默特蒙人共有土地 75 048 顷，已垦土地 60 780 顷，牧场仅剩 14 268 顷。土默特平原基本完成从牧区向农区的转化，成为重要的产粮区。早在雍正初年，归化城土默特地区遇到好年景，粮食丰收。到乾隆年间，这一带就有“塞外江南”之誉，所产粮食不仅可以接济附近各盟旗，而且还可以运到外蒙古和山西、陕西等地方。

正是在归化城土默特地区农业垦殖长足发展、粮食自给有余的大背景下，地瘠民贫、粮食长期不能自给、毗连内蒙古的山西北中部成为蒙粮外销的主要潜在市场。晋蒙粮油商道兴起在所必然。

第三节 河套地商

河套地区一直到明代还是“天苍苍，野茫茫，风吹草低见牛羊”的游牧地带。有清以来，因了各种机缘，居然成为一个粮草川，成为晋蒙粮油故道后期最主要的货源地和促成商道繁荣的根本所在。有时人们慨叹时势造英雄，然而英雄造时势亦时有之。没有王同春，没有诸多河套的地商，可能我们这一节故事就是另一种讲法。

关键词：富庶河套　河套王　地商乾坤

一、河套水利

黄河出宁夏进入内蒙古高原，绕了一个“几”字后南下再东入大海。这个“几”就是“河套”这一称谓的由来。河套地区有广义与狭义之分。广义上的河套地区是指黄河干流，自宁夏青铜峡以下经内蒙古自治区，至山西河曲附近折而南流所形成的套状地区，包括银川平原、后套平原、土默特平原三个部分。而狭义上的河套地区仅指后套平原——这个“几”字的上方区域，即东界乌拉山，北邻狼山，南达黄河北岸，西接宁夏平原，黄河干流和乌加河（北河）包围而成的地区。本书所提到的河套地区，皆指狭义上的河套地区，大致相当于今天内蒙古的乌拉特前旗西部、五原、临河、杭锦后旗。

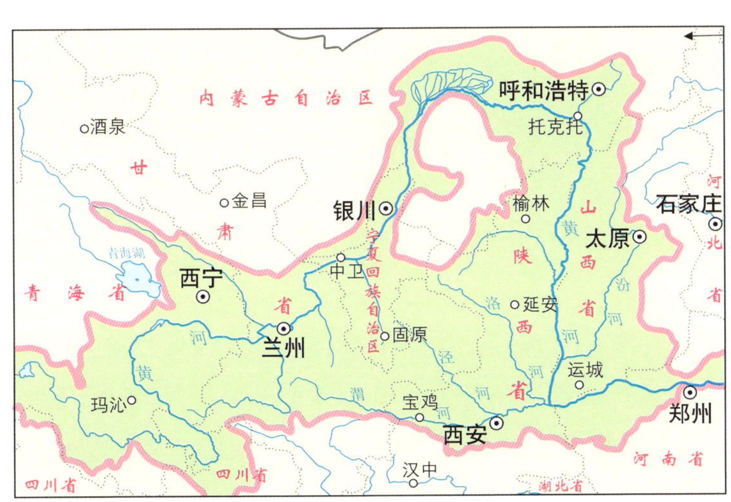

黄河流域局部示意图

河套平原是由黄河冲击而成

的。黄河一旦泛滥，大水就涌进后套，平原上就出现许许多多的天然河，黄河水涨它们自然就有水，黄河水落它们就枯竭。水渠里的鱼特别多，特别肥，大的有二十来斤，渠水一退就把大量的鱼困在渠中，所以这里有“棒打狍子瓢舀鱼，野鸡飞到水锅里”之美誉。

从商周开始，历代王朝都将这肥腴之乡当作宝地。秦始皇分天下三十六郡，五原为一郡。五原郡就建在河套平原上。彼时河套荒草遍野，到处是红柳林枳芨滩，遍地是芦苇，猛禽野兽随处可见，于是这里就成了游牧民族——匈奴、鲜卑、蒙古等民族的牧场。

随着黄河的改道南流以及北河的渐趋淤塞，后套平原面积骤广，而地质肥沃，故道河渠，天成河堰。山陕之民，争相佃种，并逐渐学会利用黄河，汲水浇田，这在清代河套开发史上是一个重要的变化。到清代中后期道光至光绪年间，后套地区开始大规模水利设施兴建和大面积的农田开垦，开发强度空前。旅蒙山西商人甄玉和陕西商人魏羊立了首功。

二、“缠金渠”与“缠金地”

“缠金地”是清初开始源源涌入河套的内地人最大的聚居地，在今天内蒙古临河市西部新华镇、狼山一带。民间相传，有人曾在临河北境掘地取水，掘到三尺深时，见一只斗大的蟾从井口跳出。巨蟾通体金碧，双目迸放金光，发出洪钟般鼓噪之声，而后一跃窜入芦苇丛中。片刻，井口喷涌出清亮的泉水，汩汩流淌、取之不尽。农人用泉水溉田，庄稼连年丰收，周围的人纷纷前来定居、垦殖。后人因民间传说，遂取“金蟾出世，碧水不竭”之意，将此地命名为“蟾金地”。后又将“蟾金”引申为“缠金”和“金碧缠绕，长流不息”之意。

嘉庆年间，地商甄玉、魏羊二人在这里就河引灌，他们平时与达拉特旗王爷相交甚好，还曾资助达拉特郡王争夺王位并取得胜利，于是向王爷提出长久大规模开发土地的计划。取得特权后，甄、魏二人开始招募民工开挖渠道。道光五年（1825），在缠金地刚目河西边的黄河上，直接开一个引水口和一段输水渠道，与刚目渠相接。渠长 25 公里，口宽 1 丈，历 5 年而成。这就是清代后套八大渠中开挖最早的一条干渠。渠因地名，称为“缠金渠”。

到了光绪年间，分别有官、商续挖缠金渠，全长达 75 公里，改名永济渠。又由二喜渡口向西支出一条西大渠，长约 22 公里；再向东开东退水渠，水流畅通。从此缠金渠成为后套各干渠之冠。

缠金渠开此风气之先河，对后套的开发意义极为重大——前套土默特地区开垦的主要是旱地，很少开挖沟渠引水灌溉，因此，粮食产量不高而且丰歉无常。后套以开渠引水为先，所垦之田大部分是水浇地，所以自然因素影响减小，不仅粮食单产较高，而且总产量比较有保障。

在此同时，道光八年（1828），清王朝下特旨开放缠金地，准招商耕种，并令达拉特旗、杭锦旗也将所属河套地节次开垦。缠金地的开放，给内地汉族农民大量涌入这块水源丰沛、土地肥沃的平原提供了方便。就此，后套地区开渠引水、广为垦殖的大开发拉开帷幕。

道光、咸丰年间，众地商又集资开挖了不少河渠。伴随主干大渠和众多支渠的开挖，必然是大量可以浇水的农田的开垦，仅缠金地一带就逐渐形成了以 48 家商号为中心的 48 个村落。每个村落各开田地数十顷至数百顷不等，而且大都是旱年亦可保收的水浇地，其中仅缠金渠每年就可灌地三四千顷，收获的粮食高达数十万石。于是，出现了“道光、咸丰年间，后套因多年之经营，地方颇为繁盛”的现象。

伴随道光、咸丰年间后套地区的水利建设，后套因开渠而新增的水浇地面积，平均年增 45 顷至 66 顷，粮食总产量估计达到 9.5 万石到 14 万石。除满足当地人食用外还可供输出，粮食输出数量约为 5.1 万石到 10.3 万石。

这些余粮主要有两大销售市场：一是外蒙古地区，一是山西和陕西北部。后者主要是通过晋蒙粮油故道运输的。到道光、咸丰年间，后套地区就开始成为晋蒙粮油故道上的又一粮源地。

三、"河套王"王同春

促成后套地区水利工程的大发展及农业的大开发,从而使晋蒙粮油故道走向鼎盛的,是"河套王"王同春。

王同春生于咸丰元年(1851)邢台县东石门村一个破落的商业地主家庭里。幼时,因眼疾一目失明,人称"瞎进财"。因家境贫困,只读了半年私塾就辍学,随父到塞外谋生。约16岁那年,他来到后套,对当地居民引黄河水浇田产生了极大的兴趣,开始了自己50多年的修渠引黄垦殖事业。他一生独资开挖刚济、丰济、灶河、沙河、义和五大干渠,270多条支渠和无数小渠,总长度加起来达2 000多公里。此外,他与别人合伙投资开了三条大干渠:通济、长济和塔布,帮助他人疏浚渠道多条,所动用土方无法计算。在当时文化非常闭塞的塞外河套,在没有任何科学仪器设备的情况下,王同春这个只读了几个月私塾的汉子,利用自己的智慧和总结出来的土办法完成如此浩大而艰巨的水利工程,今天想来真是不可思议。

王同春(1851—1925),字浚川,乳名进财。河套大地商,称霸河套数十年,贯通八大渠、270多条支渠。

(此像为景德镇烧制的瓷器上所绘,原陈列在王同春祠堂。)

王同春开挖水渠,有他自己的独特"心法"。比方踩渠,就是挑选渠道运行路线。踩渠十分关键,路线选择好,大渠就能成活,流水畅通不易淤积,而且不会轻易决口。反之就可能成为一条废渠,劳民伤财。王同春每天天不亮就骑马往黄河岸边走,边走边观察,哪里高哪里低、哪里适合渠道转弯、哪里能够做闸,都做到心中有数。每逢下雨天，他总要骑马冒雨出去观察雨水流动的方向，掌握渠道走向的第一手资料。夜里，他命手下人点几盏灯，分别放在选择渠道的区域内，自己则站到上游观望灯火的高低，以确定开渠的最终路线。经过多年反复观察，王同春得出一个结论：河套平原西南高、东北低，这给他开渠提供了最基本的依据。

再说测量。开渠路线确定后，就要开始测量渠道了。由于地形高低不平，开渠取土的深度与土方自然不等，所以每处取土多少就成了必须要测量清楚的关键问题。为了解决这个问题，王同春想出个土办法，用 10 个柳编的水斗子，上面涂满白颜色，水斗沿上钉一根竹竿，让人扛着，从渠口开始沿着选择好的渠道每 10 丈立 1 个水斗，将 10 根竿依次立好后，王同春就站在渠口前那根竹竿下向北望，通过白色的水斗可以一目了然地看出那些水斗的高低。高多少、低多少他马上记录在木签子上，然后拔去竹竿，换插木签。于是本处取土多少、多大的坡度，就能在木签上找到。竹竿继续前行，依次推进，从渠口一直测到渠梢。这套测量渠道的办法现在看来当然是土得掉渣了，但王同春就是靠着这种土办法在河套平原上贯通了 8 条大渠、270 条支渠，开垦荒地数万顷，使荒芜的大后套变成一望无际的大田园。

再说浇灌。后套各渠多利用黄河各期之涨水实施浇灌。每年十一月初一至初十，黄河涨水谓之冬水；四月初一至初八涨水，谓之春水。冬春之水含盐分甚高，对农作物不利，所以不到不得已时，概不用以灌溉。四月初十至二十日涨水，这就是桃花水了，灌溉之后不久即可播种春小麦、大麦。五月初一至十五日涨水，谓之热水，灌溉后可种糜黍、豆类。六月下旬至八月初，此间涨水谓之伏水，水量最大，干支各渠均有水满之患。农田中之水，至深秋必须放掉，以防冬季结冰而妨碍来年春季播种。伏水放掉后，到翌年春天，土壤疏松，稍加锄耕即可种植，人力省而收获丰。

水利振兴使他家业鼎盛。王同春每开一条渠，就要想方设法从蒙旗王爷和召庙喇嘛手中包租大量土地，灌溉之后，除自己的牛犋耕种外，其余的全部转租给别人，自己坐收地租和水费，以此积累大量的财富，为开下一条大渠而积极准备。王喆是王同春的小儿子，曾任绥远省参议员和绥西水利局副局长。他在公开刊物发表文章说其父王同春一人在半个世纪里垦殖荒地 2.7 万顷、水浇地 0.8 万顷，总数为 3.5 万顷；渠地分布在五原、临河、安北三县和达拉特、杭锦两旗的广大地区。

为了便于耕种与管理，王同春在流域内组建了 28 个公中（耕作单位）和 72 个村庄，整整 100 个耕作单位。为王同春种地的佃户多达四五万人，王同春每年收粮食 23 万石（约 7 000 多万斤），年收地租银子 17 万余两，各条大渠内往外运粮食、当地特产的大木船还有 100 多艘，牛车、马车 200 多辆。

王同春为了完成他的开渠大业，所付出的艰辛和苦难是常人不可想象的。王同春接连不断地开大渠、开垦荒地，家业逐渐强盛，引起了其他大地商的妒忌，他巨大的家产也被官府垂涎三尺，王同春因此常被卷入各种官司。他一生被下狱 5 次，牢狱生活长达 11 年之久。

王同春是河套的一个传奇。《王同春开发河套记》曾被选入民国时期的小学课本；作为开发河套的历史功臣，王同春的事迹曾被载入《清史稿》。

进入民国之后，王同春的八条大渠和全部家产被没收了，王同春成了国家水利顾问，被请去治理过淮河。1925 年，年逾古稀的王同春积劳成疾，终于倒在了黄河岸边督察水利工程的工地上，享年 75 岁。

四、河套地商

后套的土地当然不是王同春一个人开发出来的，尽管他开挖了后套八大干渠中的五条，占有后套水浇地的八分之五。

我们假设各大干渠所能浇灌的土地面积是一样的，以王同春拥有水浇地 0.8 万顷计,清代末年整个后套地区的水浇地就约为 1.28 万顷。王同春还有 2.7 万顷熟地。假如这也占八分之五的话，后套在清末还有约 4.32 万顷熟地，加上水浇地 1.28 万顷，总计垦种地亩数约为 5.6 万顷，每年的粮食总产量估计为 121.6 万石，可以养活 81 万人。而据《绥远地政》记载，“民国初，后套（当时均为五原所辖）有人口 26 万”，这样，后套粮食除了满足本地人口食用，尚有 60 万石到 80 多万石余粮可供外销，可以满足四五十万人一年的需求。即使只有其中一半通过黄河外运，那么每年就可以为山西北中部提供 30 万石粮食，这无疑是晋蒙粮油故道上最主要的粮油来源。

事实上，这一伟大事业是由清代中后期出现在河套地区的一个特殊群体——地商集团完成的。

前套土默特地区是在“庄头地”、“公主府地”、“大粮地”、“马厂地”等多种名义下由政府放垦的，以“公垦”为主。河套地区的土地则主要由地商从蒙古贵族那里租来再组织农民开垦，属于“私垦”。

由于各家所开渠并非只惠及自家，所以开渠者之间的相互联系是相当紧密的，同时由于后套地区地广人稀，而清廷的管治又相当粗疏，这些拥有了巨大地产财富、掌握了一方经济命脉的人们同时拥有了此地的政治资源，形成了类似政府的管理机构。

以王同春为代表的地商有这样一些共同的特征。

他们是大地主。如王同春，他控制的土地范围“东至乌梁素海畔，西至五原西，北至狼山麓，南沿黄河滨，共长约 260 余里，宽约 140 余里，方圆数百里”。

他们掌控着大量的人力资源。地商从蒙古王公、召庙喇嘛处包租大量荒地，组织农民或逃荒灾民开挖沟渠，形成灌溉渠网，然后开始大面积垦荒；最后是招租耕种，耕种方式多以

延伸阅读

地商，是指“封建商业高利贷资本与土地相结合，以修渠灌地、收粮顶租、贩卖粮食来谋取高额利润的商人”，是清代中后期出现在内蒙古河套地区的一个特殊群体。他们的主要经营手段是通过向蒙旗王公放高利贷等途径，获取蒙旗土地的经营使用权，再转租给个体农民。在清代后期，地商代替了政府，实际上控制了当地社会。

“公中”和**“牛犋”**，河套地区专有的名词。一个“牛犋”的本意是指两头牛，在河套地区指田场内临时的房舍，是河套地区农田耕作的基本单位。“公中”是管理渠道的组织。通常，“公中”向渠主负责，一个“公中”可以统辖几个牛犋。但是这一情况并不绝对，较大的牛犋也有直接向渠主负责的。

"牛犋"与"公中"基本结构示意图

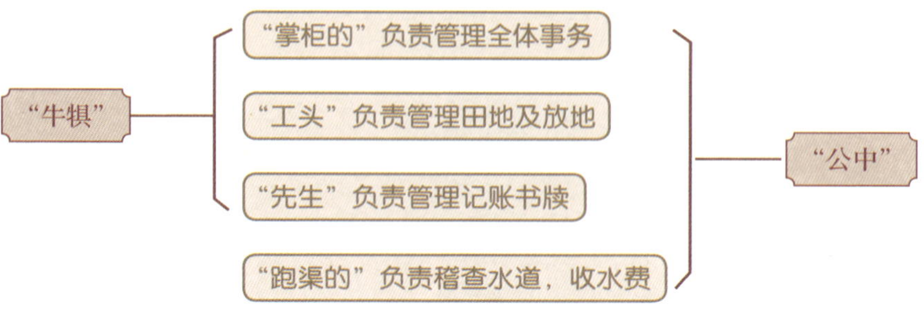

建立"公中"、"牛犋"进行。如上图。

一个渠主拥有数个"公中"和数个较大型的"牛犋"，但是每个"公中"下面还会再分设数个规模较小的"牛犋"。如王同春就建立了28个公中、70多个牛犋，养有1 000余头耕牛、1 700余头骡马，雇有长短工千余人。

这样的组织模式，就构成了一个"开发集团"。而整个河套地区在这一时期就是多个"开发集团"并存的状况。

他们的功能形同政府。"公中"不仅是水利开发的主要机构，甚至承担了政府的一般社会职能。当地一切事件，不论民事刑事，皆由"公中"解决。而且，因为开渠所费资金巨大，且渠道开成之后，所惠及的土地并不只地商自己包租的土地，因此地商并不是完全的各自为政，也在一定程度上采取了互惠互利、合作开发的模式，出现了专门的议事机构。在河套最大的干渠——永济渠的管理问题上，地商们的合作程度更是达到了空前的高度。"道咸之际，有地商48家公共经理。……当时各地商包租蒙旗外垦地连阡接垄，用水均仰给于该渠，渠道平岁修及临时要工，地商等按厘出资，俨然有同利共害之团体。"有如此的规模，地商作为河套水利开发的主力军是当之无愧的。

他们拥有大量的财产。河套地商的主要来源是早期的旅蒙商，在转变为地商之后，他们不满足仅仅控制河套地区的农业生产，其中的大多数都是在投资开发渠道的同时继续经营着商号。这类商号的经营范围主要是利用河套的地产优势，将之贩卖至外蒙古或内地。在雍正、乾隆时期，“内蒙归诚以后而汉蒙始通往来”，内外蒙古的贸易就使地商获利匪浅。而“自地商开地之后，而汉族始有至其通市”，河套盛产的粮食作为最重要的商品输入内地。“收获粮食即由黄河运赴包头、河曲、碛口一带行销，不肯稍事储蓄，只因获利太易。”

他们拥有武装和生杀予夺大权。当时的河套地区，国家的社会保卫力量一直处于空缺的状态。因而地商普遍蓄有私兵，使得地商的武装力量达到了惊人的程度。光绪九年（1883），达拉特旗台吉琴斯，因为地商开垦土地，侵占了他的牧场，纠集群众，与王同春等地商展开了激烈的械斗。其械斗竟然导致包头与河套的陆地交通陷于梗阻状态。如此大规模的械斗，却没有得到任何的约束和制止，足见地商的势力惊人。为了维护自己的“公中”和“牛犋”，各个地商在发展自己的私人武装的同时，也设下种种残酷的刑罚来处罚触犯自己利益的人。如河套的大地商王同春就自订了四条残酷的刑律。这四条刑律是：一曰“下饺子”，是把“犯人”装进口袋，扔到河里；二曰“住顶棚”，冬天河水冰冻，打开一洞，捉来“不守本分”的人，扔进冰窟；三曰“吃麻花”，是把牛皮筋晒干，拧成一条麻花似的“牛皮鞭”，一鞭一血地抽打犯了他的规矩的人；四曰“喂蚊子”，到了夏天夜晚，把捉来的“犯人”捆住手脚，扔到荒野，让蚊子咬。据说被他处死的共有 3 000 余人。

总之，以王同春为代表的地商集团，控制了河套的政治经济命脉，制订了自己的“游戏规则”，客观上保证了当地社会的正常运作。

土默特平原和后套平原同时也是油料的来源。胡麻是这一带最主要的油料作物，虽然产量不高，每亩平均不到 2 斗，但却是日常生活必不可少的消费品，因种植面积很大，总产量并不少。其所榨之胡麻油，浓香可口，不仅是人们的食用佳品，也是点灯照明用油。

山西不仅缺粮，更缺油。所以，两大平原的油料和成品油源源不断地运往山西。早期直接将胡麻籽运销山西，后来发现就地榨油更合算，故多将胡麻榨成油品，再行输出。晋蒙粮油故道水路终点碛口码头当年就流传着“碛口镇里尽是油，油篓垒成七层楼，苦力扛来牲畜驮，三天不出满街流”这样的伞头秧歌唱词。

第四节 因利乘便走水途

晋蒙粮油故道水陆相接的走向是两地之间最佳的运输线路，船驼接力的水陆联运是最佳运输方式。

由于这条商道的主要货源地可以分成土默特平原与后套平原两块，如果销售目的地主要以晋中、太原而论，则有必要分别就土默特——晋中、太原，以及后套——晋中、太原的运输路线加以分析说明。

关键词：运输线路 运输方式 运输成本

就土默特的中心绥远城到晋省首府太原的交通运输而言，有两种选择：

一是全程走旱路，从绥远城出发，经和林格尔、杀虎口、右玉、左云、怀仁、山阴、雁门关、代县、崞县（今原平）、忻州，到达太原，这条所谓“晋绥大道”整个行程以现在的公路里程算约 490 公里，而清代的转运道曲曲折折，肯定要长于今天的里程，因此可以肯定地说这条旱路在 500 公里以上。历史上有“千里不运粮，百里不贩草”的说法，其言外之意是说，商人做异地生意时一定要进行成本核算，成本是随着运输距离的延长而增加的。就贩运粮草来说，如果距离达到 1 000 里，粮食贩运就无利可图；而饲草贩运想要有利可图的话，距离一定不能超过 100 里。绥远城到太原不仅距离超过了 1 000 里，而且道路崎岖，有部分段落是山径小道，加大了运输的难度。因此，绥远城的粮食由旱路驮运到太原绝对是无利可图的赔本买卖。所以，这条旱路主要是一条山西人走口外的通道，其商业价值在于贩运一些重量较轻、价值较大的商品，如茶叶、布匹、丝绸、烟草、日用器皿等，粮食不在此列。事实上，晋商运往内外蒙古的茶叶等商品就是走这条路的，但基本没有哪家商号在驼队回程时将粮食驮回，更没有专门从事绥远到太原、晋中的旱路粮食运输的商家。

另一选择是借助黄河水陆结合来运输，全程约 745 公里。其中绥远至托县河口约 80 公里，黄河河口至碛口水路约 425 公里，碛口至太原旱路约 240 公里。这条运输线与前一条相比，总距离增加了约 50%，但陆上距离缩短了 50% 还多。需要比较的是 505 公里的水上运输与 240 公里的陆路运输的成本。水运是靠船筏。据记载，以载重 4 万斤的运粮船来算，顺水而下一天可行约 50 公里，一条船需要 7 个船工。这样算来，7 个人用一条船在 10 天左右就能将 4 万斤粮食从千里之外的绥远水运到碛口。而要把这些粮食由陆路运输，即使一半的路程，代价也是巨大的。以骆驼这种旱路驮运能力最强的运输方式而论，每峰骆驼可以驮 300 斤，一天可以走 35 公里，250 公里路要走上七八天，一个驼工可以赶 5 峰骆驼。这样算来，要把 4 万斤粮食运到 250 公里以远的地方，需要 130 多峰骆驼花七八天时间才能完成，同时需要 26 位驼工，每位驼工在七八天时间里可以完成 1 500 斤粮食的运输。仅以人工效率而论，水运是陆运的 4 倍。而 130 多峰骆驼的运输成本与一条船相比较，恐怕高 10 倍都不止。

就绥西重镇包头至太原而论，交通运输也有两种选择：一是全程旱路，由包头至绥远城再到太原；一条是水陆相接，由包头到河口再到碛口、太原。包头至绥远城陆路约 150 公里，包头至河口水路约 120 公里。两种方式孰优孰劣一目了然。

◇ 杀虎口堡

杀虎口两侧地形十分险峻，其东依塘子山，西傍大堡山，两山之间开阔的苍头河谷地，自古便是南北重要通道。

第三章

走西口兴故道

“哥哥你走西口，小妹妹我实在难留，手拉着哥哥的手，送哥送到大门口……”

一曲“走西口”唱了多少年，人们只觉缠绵悱恻，哀怨伤感，却忽略了其中的慷慨壮烈，勇往直前。

就像多少年来，人们只觉得山西人谨小慎微因循平庸，习惯守家在地，安土重迁，浑忘了山西商人曾经五百年纵横天下，创出前无古人后无来者无远弗届好大一个商业帝国。

金庸小说《笑傲江湖》中有一段对衡山派掌门人莫大的描写，这样写道：“令狐冲见莫大先生形貌落拓，衣饰寒酸，哪里像是一位威震江湖的一派掌门？偶尔眼光一扫，锋锐如刀，但这霸悍之色一露即隐，又成为一个久困风尘的潦倒汉子。”可能，山西人就像这莫大，那五百年就如这眼光一扫，锋锐如刀。只是隐之久矣，久到连自己都以为“好死不如赖活着”，而“老婆孩子热炕头”乃是人生最高喜乐。

收起感慨，重回故道，审视这一条由晋人走出的霸悍豪情。

第一节　走西口

内蒙古中西部的开发是和山西人走西口紧密联系在一起的。农业开发需要大量的劳动力，以山西北中部农民为主的“走西口”群体是土默特平原、后套平原开发的主力，也是当地城镇、乡村兴起、发展的主要居民来源。可以说，没有清代持续发生的走西口浪潮，也就不会有内蒙古的农业开发和社会大发展。

关键词：口外求存　雁行定居　三地领先

一、西口梦

“口”，本来是指明后期隆庆年间在长城沿线开设的“互市”（又称“马市”，指在官方控制之下于指定地点进行贸易）关口。所谓东口西口，是人们习惯的以大同为界的一个叫法，东面的张家口为“东口”，西边的杀虎口为“西口”。同理，长城以内的地区称为“口里”，长城以外的地区叫做“口外”。

山西省右玉县的杀虎口，是中原与内蒙古间最直接的通道，地理位置非常重要。《朔平府志》讲：“蒙古诸藩部落数百种……其通贡往来必道于边关，而杀虎口乃直北之要冲也，其地在云中之西，扼三关而控五原，自古称为险塞。”

“走西口”是指口里的晋人到口外的西北（今内蒙古中西部）地区谋生的社会现象。开始人们均从“西口”进出，后来走得泛了，凡从山西西北边界长城、黄河沿线的所有关口、渡口出山西入内蒙古的都是走西口。

走西口最初的动力是生存要求。

山西地处黄土高原，整体来看自然条件不是太好。清人任启运曾说：“江南二百四十步为亩，山西千步为亩，而田之岁入，不及江南十一。”尤其晋西北吕梁山区和晋北塞外，农业条件更是恶劣。所谓“无平地沃土之饶，无水泉灌溉之益，无舟车鱼米之利，乡民唯以垦种上岭下坂，汗牛痛仆，仰天续命”。牛已经累得浑身汗水淋淋，直喘粗气，主人却仍使劲抽赶，思之令人鼻酸。但即便如此拼命劳作，田里出产的粮食仍难以糊口养家。

杀虎口

从明朝后期以来，山西的人口自然增长维持在一个较高的水平。清道光二十年（1840），全省人口 1 489 万，光绪三年（1877）达到 1 643 万，人地矛盾渐渐突出，饥馑在所难免。这还是和平年代，更别说战乱灾荒等天灾人祸发生的时候了。

而一出西口，便是归化城一带土默特平原，一马平川，自然环境十分优越。再加上河套地区，更是土肥水美可耕稼的好地方，与中原甚至江南的生存条件或许不相上下。但是，土地的人口密度却仅仅是中原地区的 1%，甚至更少。

更何况，蒙古族人对山西农民表示出了由衷的欢迎。蒙古人以游牧为生，纯为靠天吃饭，远不如种地来得稳妥。汉民把先进的农耕技术带到草原上，大大改善了牧民的生活品质。两相投契若此，口外对山西人而言，自然成了一个诱惑、一个美梦。

二、从“雁行客”到定居者

走西口从清初开始，一直到民国大规模开发西北，大约 300 年的时间。大致可分成三个阶段：康熙至乾隆年间、嘉庆至同治年间、光绪至民国年间。走西口的目的地大体上是由近及远、由东而西，渐次推进。第一阶段走西口的主要目的地是归化城土默特地区，第二、第三阶段则主要是包头、后套及西套。第一阶段走西口者以“雁行客”为主，长期移居者还不是很多；第二、第三阶段“雁行客”依然不少，同时移民定居者渐趋增多。

一开始，清廷是严禁蒙汉往来交流的，他们在蒙古草原的南缘划出一条 25 公里宽、1 000 公里长的空地，既不准蒙古人南下放牧，又不让汉人北上开荒。这片长长的空地就是所谓的“黑界地”了。

这是因为陕甘宁晋边地虽然穷困偏僻，但地理位置极为重要。只要占据了它，北依塞上，南下中原，东击幽燕，西控河湟，大半个中国便可成为掌中之物。生活在这片土地上的居民，由于蒙古人的彪悍，陕晋北部汉人常常因为生活困苦而铤而走险，扯旗造反。李自成和张献忠，就是前车之鉴。如此，朝廷哪敢让这些人联系得紧了，一旦联合暴乱，那就无法收拾了。

牛鼻子鞋

在走西口的年月里，有的人走到西口，往往不知道该走哪一条路，于是就把鞋一脱、一扔，鞋子指向哪个方向就走哪条路……

但是，随着清廷长时间的西北用兵，土默特一带各种土地的陆续放垦，客观上又需要从内地招徕大量劳动力。时势使然，于是一边渐渐把顺治十二年（1655）发布的内地农民“不得往口外开垦牧地”的禁令放开，一边又规定出口外种地之民人，不准带领妻子前往，不准他们与蒙古女子通婚，农忙季节前往劳作，一旦农闲应返回原籍。

大雁春去秋回，晋人初出西口，也是春去秋回，这段走西口的汉民，称为“雁行客”。

出口垦种，最初多在土默特境内。根据归化城先农坛石碑上的记载，山西人到口外种地始于康熙三十一年（1692），是随绿营军驻防而发生的。山西商人到西口外经商做买卖可能要比这个时间更早一些。据估计，有清一代走西口的山西人，在土默特地区从事耕商者不下 80 万人。

乾隆朝以后，随着开发重心的逐渐西移，走西口的队伍进一步壮大，而且活动范围也随之向包头、后套扩展。路既走得远了，干的活又不是土默特地区的官方放垦，而是以地商租地“私垦”为主，雁行客渐渐变成定居者。“公中”、“牛犋”和移民村落大量出现，在蒙地定居的汉人已随处可见，“民人挟资携眷，陆续聚居，数十年来，生齿日繁，人烟稠密”。

到了清末，边疆危机日益严重，清王朝实行“移民实边”措施，开放了长城内外的所谓禁区，一改200多年来限制汉人走口外的禁令，转而鼓励内地人民出口耕作。一个原本荒芜的草原，顿时成为鸡犬之声相闻的村庄，以及鳞次栉比的贸易集市。

三、河、保、偏

首先开始走西口的，是距离西口不远的晋北各州县的人群。去土默特的人大都来自雁北大同、朔平两府所辖州县，如平鲁、朔县、山阴、怀仁、大同、左云、右玉等；去包头、后套者则以晋西北河曲、保德、偏关、宁武、五寨、忻县、崞县、代县、定襄等为多。忻县、定襄、崞县、代县走西口的人，多数是在口外“住地方”、“学生意”的买卖人，真正种地卖苦力的庄稼人不多。而与晋蒙粮油故道紧密相关的是河曲、保德、偏关三地走西口的人群。

因为河曲、保德、偏关生活更苦，而距口外更近。正如民谚所云：“河曲保德州，十年九不收，女人挖苦菜，男人走口外。”据有关资料记载：三州县从清初开始走西口，清代晚期每年不下万人，从光绪元年至民国二十九年（1875—1940），仅河曲人在内蒙古定居者估计就有10万人。内蒙古固阳县的红泥井乡有72个自然村，村村都有河曲人，最多的四分子村，河曲人占80%左右。土默特左旗的陶思浩，全村皆姓张，是河曲土沟乡兔坪村张秀的后代。保德人在口外分布更广，比较集中的地方是包头、固阳县、东胜、五原、临河、乌拉特前旗、达拉特旗、杭锦旗。偏关人则将“口外”的定居点沿用了家乡的名字，以表达思乡之情，如桦林堡、天峰坪、黑豆埝、小蒜沟、楼子沟、九崖头、小偏头等。

河、保、偏三州县走西口者在口外的谋生手段、所从事的劳务和行当多种多样。除了农业生产各种农活外，或做小本买卖，或掏挖甘草，或下窑背炭，或在黄河上拉船，或在沙漠中拉骆驼，或打短工放冬羊，或耍手工卖艺，

放冬羊

或开碾磨油房，或开店铺作坊，或经商成功变为富人，也有生计无着沦为乞丐，凡此种种难以尽数。口外的河、保、偏人即是整个走西口群体劳作、生存状态的缩影。

走西口走了两三百年，通过这批“大军”的辛勤劳作，蒙古大漠由人烟稀少的荒野逐渐变成有大量剩余粮食和油料可以输往山西等周边缺粮地区的“塞外粮仓”。“黄河百害，唯一套富”的景象也是从这时开始，进而成为晋蒙粮油故道主要的商品生产基地。换句话说，没有历时200多年的山西人走西口，就没有内蒙古中西部的大开发，也就不会出现晋蒙粮油故道，是走西口大军直接促成了此地繁荣，间接创造了这条商路。

第二节 晋商走西口

并不贫困的人也走西口。他们的目标不是为活命，而是求发达。山西各地县志对此多有记载。如太谷人“咸善谋生，跋涉数千里率以为常”；盂县人“往往服贾于远方，虽数千里不辞”。商业兴而城镇兴，晋商是口外地区商业的开拓者、奠基人和最重要的支柱力量，为塞外城镇发展写下了浓墨重彩的一笔。

关键词：开中致富　晋商翘楚　商兴城镇

一、开中商人

晋商从发迹之日起，就与口外的草原大漠结下了不解之缘。

明王朝为守边，在北方长城沿线相继设立了辽东、宣府、蓟州、大同、山西、延绥、宁夏、固原、甘肃九个边防重镇，共驻扎约80万军队把守。可屯兵所需的粮饷、布匹、草料等军用物资，成为财政的一大负担。为解决这一难题，明廷利用国家控制的食盐专卖权，召集内地商人，把粮食等军需物品运送到边镇，朝廷则付给商人“盐引”（贩卖食盐的专利凭证），商人凭“盐引”到指定盐场支盐，再去指定地区销售，这就是所谓的“开中法”。由于盐是专卖品，商人从中可获取丰厚而稳定的利润。

山西人借地利之便，捷足先登，不失时机地大量涌向边塞市场，成为“开中商人”。后来，有些商人就在边市屯田开垦，自产粮食，就近纳粮中盐，兼粮商、盐商于一身，迅速致富。

明朝中叶，开中商人分化为“边商”与“内商”。许多边商逐渐向口外渗透，或者同乡，或者同业，三五合伙，肩挑背扛，在沿边地区和蒙古草原，与蒙古牧民进行易货贸易，被蒙古人称为“丹门庆”（“货郎”）。

他们开始时做的是“以物易物”的买卖，拿纯市场的眼光来看，便宜是占大了。商人用口内廉价的粮食、布帛、黑茶，以及铁锅、铜器等日用杂货，换得的却是贵重的裘皮、鹿茸、麝香，乃至金砂、宝石等物品。一包火柴换一只羊；一个玉烟嘴换一匹马；一口普通的大铁锅，就能换得满满一锅名贵貂皮；一块砖茶，可以换得一张羊皮；一匹（蒙古人以八寸为一方，四方为一托，七托为一匹，约两丈二尺四寸）布换一头牛犊；等等。经过春夏间近半年的交易，“杂货”尽数出手，秋冬季节，行商们的牛车又满载裘皮药材回家。待返回沿边城镇或中原内地，蒙地土特产自然又成为抢手货，于是又赚一笔。第二年，依然“雁行”如故。蒙古人把这种行商称作“出拔子”。

“货郎”，就是走西口晋商的先行者。

本小利大，赚来却不容易，从内地到当时的蒙古，关山万里，路途艰辛不是今人所能想象的。大漠变幻无常，商人们必须搭伙上路，互相有个援手。骆驼是最好的运载工具，可是一般要晚上行路，以便白天放牧。夜行日牧，劳乏自不待言。吃食可以自己带着，干炒面是最方便的，到地儿找井水拌着吃了。可是水源地不好找，需要特别有经验的人带路，否则大漠无水，后果可想而知。要提防生病，最简单的感冒咳嗽就能放倒一条汉子。尸身便就地埋了。或者，趁人还留有最后一口气，身体还软着的时候，把人叠起来，折到货篓里，这样可以带返家乡。“埋骨何须桑梓地”，读时觉得豪情万丈，临到自身、相与、同乡，却是情何以堪！还要提防盗贼、山火……

货郎鼓

还有人为的关卡。清廷限制满汉往来，边口时开时关，法律严苛，赋税沉重。直到乾嘉以后，彻底放宽了对蒙贸易的限制，晋商走西口才畅通无阻，逐渐由“雁行”经商改为在蒙古各地开设固定商号，“行商”从此变为“坐贾”。据统计，清代走西口的晋商大约为二三万人，仅归化、绥远两地就有晋商铺面220座。

随后，晋商又利用清廷用兵西北，特别是左宗棠出兵收复新疆之机，随军西进，供饷贩粮，拓展西北、中亚地区的商业贸易。由漠南蒙古逐步深入到蒙古各部，进而开辟了通往新疆的商路。

清代中期，蒙古地区商品交换的贸易大权几乎完全控制在走西口的晋商手中。当时旅蒙晋商中的一些大商号，如大盛魁、复盛公等，已有相当雄厚的资本。除立足口外从事边境贸易，这些大商号还把业务范围扩大到了内地十数省和海内外，以至大商埠上海、汉口等地，甚至俄罗斯、朝鲜、日本、东南亚等国，也都留下了他们的足迹。昔日走西口的晋商，这时已发展成为多元化、跨区域的商贸和金融集团。

二、商家传奇

乔家大院名闻天下，殊不知乔家创始人乔贵发也是走西口出身，最初开的只不过是一个小豆腐坊。而且乔家发迹，秦家“拉帮”功不可没。

秦肇庆，小名四喜。约生活在清朝康熙末年、雍正及乾隆年间。秦肇庆十几岁就离家走外，到河南、关东、天津、北京等地闯荡。约在乾隆初期，跟着姑父来到内蒙古萨拉齐种植蔬菜，买卖粮草，经营旅店。不久就小有发达。姑父在口外站稳了脚，买房置地，好不得意。

《清徐县志》上说，秦肇庆“办事专擅，多谋善断”，这样性格的人，只适合做“第一把手”，由得他挥洒。秦肇庆的经营理念与姑父多有龃龉，雄图大志不得伸展，常郁郁。恰此时，祁县乔贵发也来到口外。

时代久远，不知道秦肇庆与乔贵发这两人相见是怎样一幅图景，有没有青梅煮酒，秉烛夜谈？但这两个注定要塑造包头未来的人，一见之下，便仿桃园结义设案焚香，结为异姓兄弟，约定共同创业。创业之地，他们选在包头，因为这是旅蒙往来的要道。虽然那时包头还只是一个叫包克图的小村庄。

祁县乔家大院

坐落在祁县乔家堡的乔家大院，由 6 个大宅院、20 个小院落、313 间房屋组成。“囍”字结构的乔家大院处处体现着中国传统道德和礼俗文化。宅院多为正偏结构，正院宽大，偏院狭小，体现了上高下低、尊卑有序。建筑群充实着中华文化思想，门匾、楹联、额枋间标榜着仁义道德及敬业修身格言。乔家大院主人乔致庸将宅第命名为“在中堂”，主人信奉的处世为人之道不言自喻。

两人在包头西脑包开了间草料铺，接待往来小贩，供他们歇脚喂牲口，顺便经营豆腐、豆芽、烧饼、切面等零星小吃及杂货。两人省吃俭用，精打细算，加上服务热情周到，干活同心协力，生意越做越红火。

这里的发展，果如二人所料，两三年间人口急增，手工作坊、商业店铺林立。由于秦、乔占了先机，又有了好信誉、好人缘，所以生意越做越好，他们积累的资本也越来越大。两人把他们的商号定名为“广盛公”。

约在乾隆十年（1745），他们把大笔资金和主要精力用来搞一种叫“买树梢”的生意。这是一种期货交易，即在春天，农民没钱抵垫，又愁销售没保证之时，他们明榜标价，立字为据，预付部分粮款，保证秋后收购。这比西方商贸史上说的期货交易要早几十年。不料乾隆十五年（1750）左右的一次买树梢交易中，秦、乔栽了大跟头，把十多年挣的老本差不多赔光了。老乔一气之下，洗手不干，回家种地。秦肇庆则留下来惨淡经营。

再过五年，机会又来了。这年包头一带风调雨顺，农业空前丰收，粮价一跌再跌。尤其黄豆，贱得和白给差不多。秦肇庆把自己积累的所有银子统统买了黄豆。待到来年，包头一带又发生了罕见的大旱，几乎颗粒无收。他把囤积的黄豆像金子似的抛售出去，资本一下就翻了两番。

大喜之后，他立刻想到“故知”乔贵发。没什么耽搁，跑去祁县乔家堡找到正在地头干农活的老乔，二人重新结拜，“今日结义，永为兄弟，忠诚信义，不离不弃，有福同享，有难同当，世代联姻，两姓一家”。

重返包头之后，他们把商号改为“复盛公”。复盛公越扩越大，派生出了复盛西、复盛全、复盛油坊、复盛菜园、复盛西店（客栈）、复盛西面店等复字连号，上自金银绸缎，下至草料葱蒜，还搞银钱借贷。复盛公商号雄踞包头商界之首，形成“先有复盛公，后有包头城”的商业奇迹。

乾隆年间的广盛公以秦家为主，乔家为次。约乾隆四十年（1775），秦肇庆告老还乡，一心一意经营家业，建造宅第，坐享其成。而乔家继续进取。复盛公时代，乔家的股份超过秦家，在包头商界是乔家第一，秦家第二。嘉庆年间，乔家补进大量资本，股份变为乔家七成半、秦家二成半。1913 年，秦门第八世代表秦家到包头（也说是北京），讨论新形势下如何发展工商金融。乔家参加人有乔映霞、乔佑谦。当时设在北京的大德通票号面临挤兑风潮，

复盛公会计处伙友合影

乔家意见是再投入资金平息挤兑风，秦家则缺乏信心，还想抽出股金。此后，秦家股份缩小为 12.5%。到新中国成立初结业时，秦家股份只有三厘了。

兴旺时期的秦家和祁县乔家旗鼓相当，包头各商号每个账期下来数万两白银的红利滚滚而来。七品知县岁俸白银 45 两，一品大员岁俸也只有 180 两，而秦、乔两家年均收入都不下万两，相当于百个一品大员或三四百个知县的年俸。说他们富比王侯，实不为过。

以后，乔家又继续投资增开商铺，大都以“复”字起头。在包头城乃至蒙古地区，“复字号”作为一个庞大的商业连锁集团，一直在商界独占鳌头。清朝末年，尽管社会动荡，经济凋敝，而“复字号”却始终繁荣昌盛，走过了 200 余年发达之路，为包头及蒙古地区的商业发展作出了贡献。

包头有一条街，叫秦乔街，有石碑，记有秦家事。秦家第三代肇庆，包头生意的开创者，与乔家第一代掌门人贵发，在关公像前，两次叩头发誓，乔秦异姓一家，勒石铭志，世世通婚，互相提携。这块碑乔家还一直保存着。

复盛公的气派实在是够大的了。可是要和归化城的大盛魁相比还差着一截。论派头、业务、分号、钱财，谁家的水平也比不上大盛魁。据说，大盛魁的钱财，大约能填满一条河！这简直是苻坚投鞭断流的气势。据说，大盛魁的财产如果全部铸成 50 两重的银元宝，一锭挨一锭，能从库伦（今蒙古首都乌兰巴托）一直铺到北京。

中国商业史上最早的股份制企业、中国商业史上销售利润最高的企业、中国商业史上货运物流品种最齐全的企业、中国商业史上最大的出口贸易企业……这些光环统统属于“大盛魁”。

大盛魁是走西口的晋商创出的一个传奇。

在康熙平定准噶尔部噶尔丹的叛乱中，由于军队深入漠北，“其地不毛，间或无水，至瀚海等沙碛地方，运粮尤苦”，遂准商人随军贸易。在随军贸易的商人中，有三个肩挑小贩，即山西太谷县的王相卿和祁县的史大学、张杰。他们三人虽然资本少，业务不大，但买卖公平，服务周到，生意十分兴隆。清兵击溃噶尔丹军后，主力部队移驻大青山，部队供应由山西右玉杀虎口往过运送，他三人便在杀虎口开了个商号，称“吉盛堂”。康熙末年改名为“大盛魁”，这就是大盛魁商号的创始经过。

大盛魁的总号最初设在乌里雅苏台，后迁驻归化城（今呼和浩特）。它的经营范围宽得没边没沿，别的字号是它卖什么你买什么，大盛魁则是你买什么它卖什么；它在内外蒙古、北京、济南、上海、杭州、汉口，当然还有山西，后来还包括俄罗斯一些城市都设有自己的分号、钱庄，它有许多在草原上流动贸易的“房子”（帐篷），还有拉骆驼驮着货物走家串户的销货小组；它在各地开设了许多金融机构和小号，

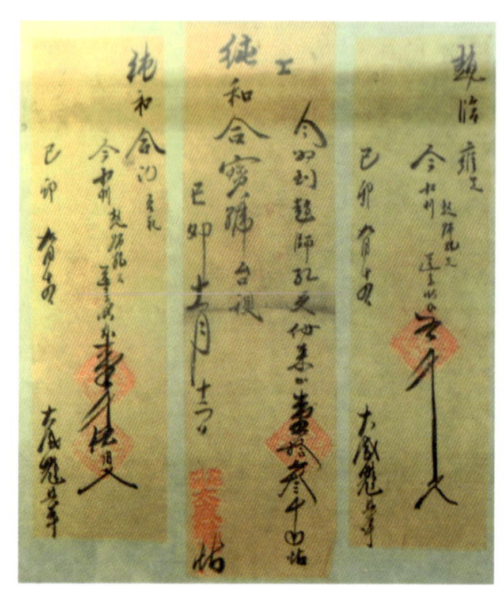
大盛魁商号对账单

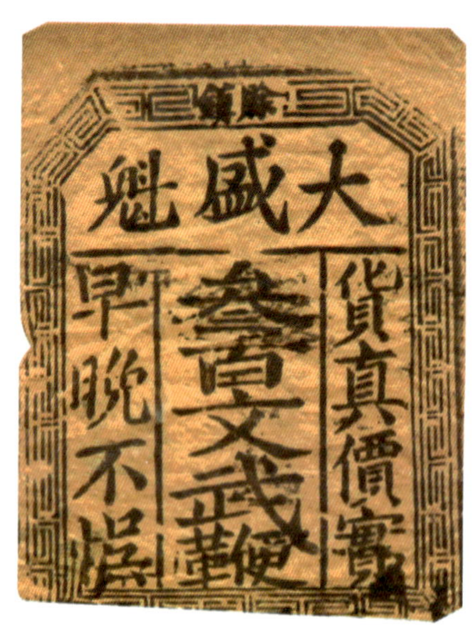

赊镇大盛魁“三百文武鞭”广告单

大盛魁商号是清代山西人开办的对蒙贸易的最大商号。“文武鞭”是鞭炮的一种，能放彩花，还能听响，兼备了花和炮的功能，因此人们戏称为“文武鞭”。

（1）大盛魁旅蒙贸易根据草原人居分散的特点，组成了人称“货房子”的骆驼商队，走串蒙古族居住点及散居的毡房流动做买卖。

（2）春夏之交，晋商载货到蒙古牧民住地，把商品赊销给牧民，折合牲畜及皮毛数量，先不收取。

（3）秋冬之际牲畜膘肥体壮时，商人骑着马，拿着账簿到蒙民住地收取牲畜皮毛畜产品。

（4）旅蒙晋商向蒙民发放一种盖有商号印记的“钱帖”，来年再到达时，牧民凭钱帖向商人选购所需的商品。

归化城中的总号则是它庞大机构的中枢。

大盛魁商号极盛时，从业人员有六七千人，估计每年贸易总额可在 1 000 万两白银。大盛魁的商队骆驼近 2 万匹，一年 365 天，天天都行进在运送货物的路上，担任护卫的狗就有 1 200 只。单说驼队歇宿，就是极其壮观的一幕。在辽阔的草原上，一顶顶帐篷支起来，四处是堆积的货物、忙碌的驼倌、巡走的巨獒，还有更远处散漫的驼马，俨然一座小城镇平地而出。

于是有了“一个大盛魁，半个归化城”之说。

大盛魁从康熙末年开业到 1934 年歇业，经历了近 300 年的风风雨雨，颠簸不倒，这本身就是一个奇迹。

大盛魁归化旧址的门柱上有这样一副残缺不全的对联，大概说明了他们的经营水平及成功原因：

集二十二省之奇货裕国能商□□□□□□□□□

步万里之云程披星戴月方能以其所有易其所无

另一位蜚声海内外的走西口晋商是山西榆次车辋常氏。始祖常仲林起初替人放羊为生，后来经营小买卖，到第八代常威时，常氏家族的商业经营走向兴盛，由背着褡裢的“行商”发展为开办小铺面的“坐商”。没几年，常威便带着三个儿子走出西口，到多伦诺尔、张家口等地求发展。

常家先在大境门外开小布铺，商号叫“常布铺”。后又在原址上创办大德玉杂货店。常威还乡养老之前从大德玉抽出两股资金，一股分给立志耕作的二儿子常万旺，在张家口万全安家堡购买了田地。用另一股新立字号大德常分给长子常万屺。原大德玉归三子常万达经营。

常万屺继承父业稳扎稳打，以布匹、百货为主，陆续在大同、繁峙、成都、汉口等地创办了大德川、大德美、大德成、大德瑞、大德正、大德旺等 10 个以“德”字为标志的字号，号称“十大德”，形成了一个以张家口总号为中心，辐射蒙古乌兰巴托和大江南北的商业网络。

当时，俄国、蒙古对中国茶叶的需求激增。常家老三常万达瞅准这一商机，开辟了南起中国福建、两湖，北至中俄边境恰克图的万里茶路，并一直深入到俄国腹地的莫斯科，甚至走向欧洲。这是一条可以媲美历史上丝绸之路的茶叶之路。据《山西外贸志》载：“在从事对俄贸易的众多山西商号中，经营历史最长、规模最大者首推榆次车辋常家。”常氏一门从乾隆时从事此项贸易开始，沿袭 150 多年，尤其晚清在恰克图

常家在张家口的铺号旧址

恰克图当年的茶叶交易市场

的十数个较大商号中，常氏一门独占其四，到光绪年间常家的商业资金达到100万两白银以上，在山西全省名列第5位，被誉为“中国外贸第一世家”。

车辋常氏是明清时期晋商中唯一可称为儒商者。常氏家族中最出色的经营人早年都有读书应举的经历。成为巨富大贾后，常家居安思危，立下了“学而优则贾”的家训，将儒家仁义诚信的伦理道德体现在经济理念与经营活动中。也许正是由于此，在清末民初常氏商业一蹶不振后，儒商并重的常氏家族仍取得了骄人的业绩。据史料记载，从废科举立学校到抗战爆发前，榆次共出过大学本、专科毕业生98人，常家就有24人，还出了常赞春、常旭春、常乃德、常风等文化名人，同时，常家还在家乡兴办了新式学校，其中包括一所女子学堂。

晋商在完成原始积累、商业规模空前壮大的基础上，顺应埠际商业贸易和大额汇兑的需要，创造性地实现了商业资本向金融资本转变这一质的飞跃，使票号汇通天下，执国内金融业之牛耳。到清朝末年，晋商已成为清廷的财政支柱，全国的财政三分有其一。

◆ 榆次常家大院

榆次车辋村常家“世荣堂”、“世和堂”是南、北两处宅院组成的一个庄园，占地 200 余亩，20 多个院落，1500 多间房屋。其中常家九世常万达取名的“世和堂”，堂名分别取慎和、谦和、体和、贵和、人和、节和、雍和等，每堂都是一个两三进的院子。每个院子又都各成一体，形成“品”字格局，整齐地排列在街的一边，人称“北常”。称“南常”的常万玘宅院也是宅第相连的富户豪宅。

晋商在鼎盛时资本雄厚，巨商大贾甚多，其势左右全国商业、金融界。在称雄国内的同时，并积极远涉欧洲、日本、东南亚等地。晋商在中国的商业史上有着举足轻重的地位。晋商为中国十大商帮之首，名不虚矣。

三、商业城镇

伴随着走西口的晋商在北疆蓬蓬勃勃开展多种商品贸易的活动，一个个商业城镇星罗棋布地出现在草原上，有因晋商而兴起的，如包头，“先有复盛公，后有包头城”；有因晋商而更加兴旺的，如归化，“一个大盛魁，半个归化城”。其他像多伦诺尔、张家口也极具代表性。

多伦诺尔（蒙语“七个水泡子”），本是一个水草丰美的牧场，往常除了“风吹草低见牛羊”的恬淡，只有汇宗寺、善因寺里的喇嘛虔诚的念经声。这里每年三月七日举行的盛大庙会，打破了草原的宁静。就是这一年一度的热闹庙会，吸引来一大群走西口的晋商。他们使这里很快变成了周边牧民以物易物的贸易市镇。到咸丰年间，该地已有大小坐贾商号千余家，人口达 10 万之众。

张家口大境门

长城要塞多以“关”或“口”命名，唯独此处称“门”。“大好河山”为民国儒将高维岳所题。

明时出现“以布帛易马”贡市，清初成为北部唯一的对外口岸，时称“旱码头”。晋商势雄时，张家口曾为中、蒙、俄商人“南北交易所”。只在百年前，大境门外还是牛驼成群，货物如山，十里店铺远处成烟。

张家口东望京津，西联三晋，北接蒙古，草原民族与汉族间的小规模交易自古就有。明朝末年，晋商王登库、靳良玉、范永斗、王大宇、梁嘉宾、田生兰、翟堂、黄云发不顾明王朝的禁边令，私下同满族人进行了商业和军事交易。所以清王朝“定鼎中原后承召山西八大商人入都，宴便殿，蒙赐馔”，赐八大晋商为皇商。后来清政府派兵征讨噶尔丹叛乱时的军中市场，全操纵在八大皇商之手，八大皇商简直就是清军的后勤部。

当年库伦的一座茶场及货垛

从张家口向北，经苏尼特右旗，至二连浩特，达库伦，一直延伸到恰克图、莫斯科，此道即张库商道。

起初，张库商道由范永斗等八家晋商垄断经营。后来清廷放松禁边，眼光长远的其他晋商携资纷至沓来。

凡晋商巨擘，均以张家口分号为股肱。大盛魁在张家口的分号，由财东

清康熙年间张家口大境门外正沟驼市

王相卿亲自坐庄，百亩茶山、千顷桑园产出的南货，大多集中于此。祁县乔家在此经营碱业百年，碱坯就拉了百万吨。太谷曹家贩曲绸，每年运往库伦、恰克图等地 1.2 万余匹，价值白银 36 万余两。榆次常家更是于此发迹，常威弃农经商，挑着“榆次大布”在张家口贩卖，至光绪年间，常家的商业资金超出百万白银。

晋商财富急剧增加的同时，张家口也由一座军事小堡变成商业重镇。清末，张家口共有店铺 1 600 多家，票号、钱庄 42 家。每年输入商品就需 120 万头骆驼和 30 万辆老倌车，仅输出茶叶一项，就需要 10 万头骆驼。大境门外房价奇高，一处铺面的月租金竟达 50 两白银。

第三节　习　俗

山西作家成一关于晋商的一本小说《茶道青红》里，女主人公戴夫人行走茶道，第一次入住帐篷，“贴身是地，仰望房顶，又圆似苍穹。人处天地间，于此才分明感知”。于是，和自己的随身女侍大瑜有这样一段问答——

大瑜说：“夫人，我们虽说在房子里，却怎么仍像睡在旷野？外面巨獒声息，细微风过，都近在耳畔。”

戴夫人就说：“我也正在痴想呢，我们这不就是身无羁绊，置于天地间了？”

大瑜说：“可不是呢！平日的深宅大院，仿佛已成俗世了。”

戴夫人深叹一声，说：“今日才知奔走茶道，原来有近天贴地的便宜！”

关键词：民族融合　独特民俗　往来天下

走西口，使晋北塞外走出来一个水乳交融的大家庭，满蒙汉回四个民族的生活习俗相互影响，形成一个独特的文化风景区。

这种融和首先外化于语言、衣食等日常生活诸方面。旗人初来时，只会满语，不谙汉语，但由于长期处于汉地，至清末，旗人已多不会满语，多改说汉语；同样，走西口的晋商们也多操一口京腔北京话，他们自称这种京腔汉语为“满洲话”。

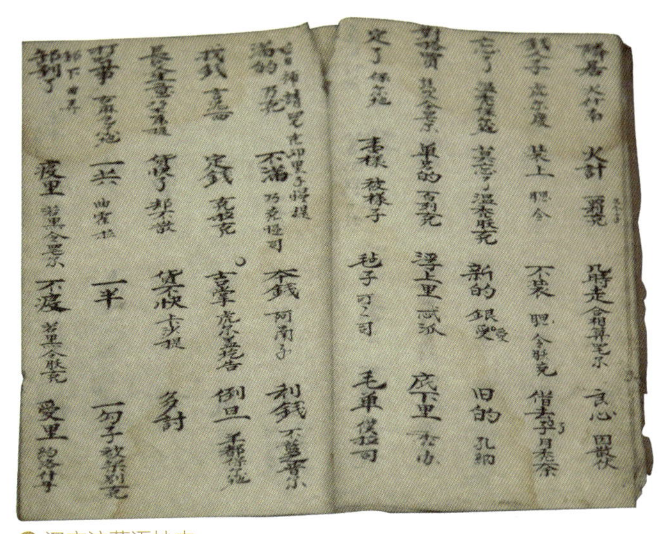

汉字注蒙语抄本

在今呼和浩特地区汉族的婚礼中，男方娶亲时须给女方家留下“离娘肉”，“离娘肉”正是满族古老的婚俗之一。绥远城旗人家遇丧事穿孝服时，从北京、东北来的旗人后代鞋上均不蒙白布，而右卫旗人后代则承之，由此便可知此户旗人的由来。

若说到衣食，那更是数不胜数。当时中等人家能穿老布衣裳，穷苦人则一般都是用羊皮缝成的皮袄，因为这种东西在这里多的是，也很廉价，谁都穿得起。富人穿皮裤为了防寒，穷人穿皮裤却是“冬天毛迎里夏天毛朝外”，冬天白天穿在身上晚上脱了盖，夏天毛朝外里面磨得肉皮疼。

猪肉烩酸菜和酸捞饭是后套极具特色的家常饭。单说猪肉烩酸菜的酸白菜是用头年的白菜腌制的，往水瓮里铺一层菜洒一层盐，直到把瓮腌满，然后上面放一块大石头将菜压实，过几天再往瓮里续菜，直到满满的一瓮为止。一般只用一个月菜就酸了，可以吃到来年新菜下来。后套地区一年有半年时间吃酸菜，尤其穷人。要是酸菜里加上猪肉，那是至味了。猪肉分现猪肉和腌猪肉两种。现猪肉是现杀的，腌猪肉是为了长时间储存才腌制的。做法也很简单，把猪肉放到锅里用慢火炼，直到把水分炼干，只剩下油和肉，然后加盐放入瓮中，用时取出便可下锅。

往深了看，当时走西口的晋商之精神气质、习惯、信仰等与中原汉地皆有明显不同。

走西口一开始是人们迫于生活压力，但时日既久富贵在握而万死莫辞，就远非一个求生的意义。晋北、晋西北紧邻秦陇，秦人讲实惠，重现世，不拘于传统儒家观念规定的条框和典籍，所以古时，他们能从偏居一隅而成就统一六国的大业。晋商走西口，求实利，不重功名，不能说没受了这种影响。至于蒙民逐水草而生，不能固定于某一地，必须不断地开拓新生活领域，晋商之开拓与坚忍或者就从此中来。当走西口的晋人习惯了以天下为坐标时，故乡的热炕与温情哪里还能拘系了他们呢！

第四章

磴口盐业风云

粮油故道，这条连接晋蒙两地、水陆衔接的 1 300 多公里漫漫长路，在他 200 多年的历史中，上演过一出出惊心动魄的大戏。他由磴口开启大幕，沿黄河经包头、河口、河曲、保德一折一折顺承而下，到碛口猛一转，由水路变作陆路，过离石走吴城奔向他的目的地——汾阳、晋中、太原，至此合上全本，剧终。

磴口这个名不见经传的小城，曾经和战事相接相连：赵武灵王胡服骑射，秦时蒙恬北击匈奴，花木兰代父从军，杨家将奋勇保国，一直到冯玉祥北伐、傅作义抗日。

他又是文化的：敕勒歌风吹草低见牛羊的雄浑，蔡文姬胡笳十八拍的凄婉，爬山调与二人台的诙谐，史诗般的阴山岩画。抗战时期，实践陶行知“生活教育”学说，以社会为学校，唤起民众共赴国难的“新安旅行团”一路走来，在这里留下痕迹。

当然，最重要的，与我们故道有关的，磴口是商业的。

因为吉兰泰盐池的盐，磴口这个边陲小镇被清廷直接下文，规定为发运码头。磴口繁盛由此，纷扰由此，他的不平凡，亦由此。

第一节 吉兰泰：一个盛产盐的地方

从运输量而言，盐、碱是晋蒙粮油故道上的第二类商品，两者都是人们日常生活的必需品，尤其是盐，一般都由政府专营专卖。山西历来都是产盐重地，明清时期河东（运城）盐池所产之盐，运销山西、河南、陕西等省。但山西地形狭长，南北相去千余里，河东盐池位于晋省南端，运销晋北多有不便。有清一代，以鄂尔多斯盐、苏尼特盐为主的蒙盐和以吉兰泰盐为主的阿盐，是晋北乃至晋中食盐的一个重要来源。吉兰泰盐池因其产量最多、盐质又好，可以通过黄河水路运销，是晋蒙粮油故道上主要的食盐货源。

关键词：盐池 水运 盛衰

一、吉兰泰盐池

吉兰泰盐池在阿拉善盟东部、乌兰布和沙漠西部。乌兰布和沙漠位于巴彦淖尔盟，北抵狼山南麓（翻过狼山，再穿过一段荒漠就是蒙古国），南临黄河，东面是广袤的河套平原，西南小部分延入宁夏境内。据说2 000多年前这里是百草丰茂的草原，而现在却是千里荒漠，寸草不生。站在吉兰泰盐池，往北看狼山仿佛就在眼前，往西则远远能看见贺兰山。这两座山都很有名。南宋抗金名将岳飞《满江红·怒发冲冠》中“踏破贺兰山缺”，指的就是这座贺兰山。狼山属阴山山脉西段，又名狼居胥山，那名气就更大了。西汉元狩四年（前119），大将霍去病大败匈奴于此，筑坛祭天，庆贺胜利，即历史上著名的封狼居胥（“封”是祭天的意思）。

吉兰泰盐池

吉兰泰盐池属内陆盐

湖，它的形成需要两个条件：一是干旱或半干旱的气候。在这种气候条件下，湖泊的蒸发量往往超过湖泊的补给量，湖水不断浓缩，含盐量日渐增加，水中各种元素达到饱和或过饱和的状态就在湖滨和湖底形成了各种不同盐类的沉积矿床。二是地形封闭和一定的盐分与水量的补给。封闭的地形使流域内的径流向湖泊汇集，湖水不致外泄，盐分通过径流源源不断地从流域内向湖泊输送。在强烈的蒸发作用下，湖水越来越咸，盐分越积越多，久而久之，就形成盐湖。

阿拉善盟盐池较多，吉兰泰盐池是最大的一个，呈椭圆形，“东西计一十五六里不等，南北计一十四五里不等”，面积约 60 平方公里，储量极为丰富。

吉兰泰池盐简称“吉盐”,俗称“红盐”,又称“口盐”。采捞方法极为简单，首先用铁锹将覆盖在盐层上的坚硬沙土层揭去，再用铁砧将盐层打碎，然后用耙子来回搅洗,最后用长把漏勺捞出,即成纯盐。盐层厚度一般为六至八尺，最深可达一丈多。采捞受季节所限，一年有两季适合采捞，分别是春天的三月至五月，秋天的八月至十月。夏季雨多，冬季寒冷，均不宜采捞。采捞时，每处必须捞清至盐根，这样两年后又生新盐，周而复始，取之不竭。

吉兰泰盐池在唐代又称作温池，蒙语是察汗布鲁克池。所产盐质味佳，因表层混有淡红色尘砂，俗称红盐。阿拉善盟盐池较多，尽管阿拉善左旗南部的雅布赖盐池早在西汉、三国、魏晋时期就有零星开采的记录，但吉盐的开采历史并不长，清代以前没有采捞记载。康熙二十五年（1686），吉兰泰盐池划归阿拉善王之初，当地蒙民开始自行采用，就近换取粮食和日用杂货。雍正八年（1730），阿拉善第二代王爷阿宝从青海重新迁回阿拉善之后就开始对其境内盐池进行采运。但吉盐大规模采捞并运销山西始于乾隆年间。

乾隆初年，红盐开始运销内地。因销路广开，陆运供不应求，到乾隆末年又开黄河水运。吉盐以其东北部相距 120 公里的旧磴口为发运地，并设盐吏专管，最盛之时运盐船只络绎不绝，多达 500 余只。

二、吉盐水运山西的两次高潮

作为粮油故道上食盐的主体，吉盐通过水路运销山西有两次高潮，一次是乾隆二十二年至嘉庆十七年（1757—1812），另一次是清末至民国时期。

第一次高潮历时 56 年。从乾隆二十二年（1757）、二十五年（1760）两次因河东池盐歉收向吉兰泰借买盐斤共计 1 324 800 斤，开启吉盐顺黄河而下水运至碛口的先例，到嘉庆十七年（1812）明令吉盐禁止一切水运，包括磴口至河口的传统水运线。

第二次高潮从光绪九年（1883）起，延续到民国三十一年（1942）。

吉盐水运山西两次高潮图表

	时　间	特　征	运　途	备　注
第一高潮期（1757—1812）	第一阶段（1757—1779）	吉盐由偶尔借买到允准采买贩运，水运量逐渐加大		乾隆二十二年至乾隆四十四年，共 23 年
	第二阶段（1780—1785）	经历了六年挫折，水运量大为减少		乾隆四十五年至乾隆五十年，共 6 年
	第三阶段（1786—1805）	吉盐水运行销量最多		乾隆五十一年至嘉庆十年，共 20 年
	第四阶段（1806—1812）	水运明显减少，到最后终止		嘉庆十一年至嘉庆十七年，共 7 年
第二高潮期（1883—1942）	第一阶段（1883—1906）	吉盐水运开始解禁，运量逐年增加	运途限于磴口、包头、河口至河曲	光绪九年至光绪三十二年，共 24 年
	第二阶段（1907—1918）	年运量不低于 500 万公斤，官方经营	水运可至碛口	光绪三十三年至民国七年，共 12 年 官方指晋北榷运局
	第三阶段（1919—1942）	商运商销，年均运量 900 万公斤	取消了一切限制	民国八年至民国三十一年，共 24 年

乾隆元年（1736），清政府议准蒙盐经杀虎口进入内地行销。从此，蒙盐在各税卡纳税后，可以在山西“散往各处售卖”。吉盐始由陆路贩运晋北。所谓蒙盐，指鄂尔多斯、苏尼特、吉兰泰三个产地的口盐。前两者是零星自用，

只有吉兰泰盐尝招商试运，设有活引。

吉盐水运山西之所以出现第一次高潮，源于两件事。一是乾隆二十二年（1757）和乾隆二十五年（1760），河东盐池被水淹没，两遇歉收，清廷只得准予借买吉盐以缓解盐荒。这两次官方借买使吉盐较大规模地进入到山西省腹地行销。乾隆四十七年（1782），吉盐行销范围由大同府、朔平府、岢岚等十一州县扩展到太原府、汾州府、宁武府等四十四州县，较原来增加了数倍。

但是，出于保护河东官引之目的，清政府禁止吉盐在托克托之河口以下水运，盐商只能在河口购盐，从陆路贩运销售。

这就发生了第二件事：磴口成为吉盐发运码头。由于吉兰泰盐池距山西中北部距离遥远，如果不准水运，真正能够运销山西腹地的吉盐数量是极为有限的。阿拉善亲王又请求开辟黄河水运。乾隆五十一年（1786），清政府准奏，限制性开放吉盐水运，规定阿拉善盟之磴口为发运码头，运至下游托克托城河口停泊储积，之后“陆运水运悉从民便”，而且“不必限定运盐额数”。水运可至晋省临县，于碛口地方验照登岸，不得越界运到下游州县。从此，黄河上盐船云集，运量大增。此前，只准吉盐在磴口与河口之间由黄河水运，每年打造盐船 50 只，每船装盐 40 余石，总计运盐 70 余万公斤。此后，每年用船 500 只，装盐 700 余万公斤，是以前的十余倍，吉盐水运进入全盛时期，“吉盐畅销，不计其数”。

吉盐运销两旺，给河东引纲乃至两淮官引

延伸阅读

“引”为政府发给行盐商人的运销凭证，持引即获得专卖权；作为代价，盐商要向政府缴纳一定税金。

带来冲击。为了改变这种状况，清廷将吉兰泰盐纳入内地行盐体系，经过相关部门反复磋商，制定了吉兰泰盐务章程，于嘉庆十二年（1807）施行。

章程规定得很细，涉及盐务管理机构、行销地、行销额度、税率、招商承办人员等等，甚至对运盐船夫所带口粮都作出具体规定，以杜绝此前多带粮食、谋取私利之弊。

岂料纸上谈兵，这一章程直接导致了吉盐水运晋省的衰落。

问题首先出在课税及运销上。

以前归阿拉善王爷时，吉池行无课之盐，税率也极低，所以吉盐成本较低，贩运内地虽路途遥远，但可顺黄河而下，视盐价较昂之地任意行销，仍有利可图；现在实行招商纳课，过卡交税，管理严格，成本必然加大，而且吉盐尚有廉价土盐、蒙盐竞争，故销路难畅。清廷甚至连运商坐商都招募不到，不得已清政府只好改行官运民销，即由甘肃派员负责采捞，并将吉盐运到河口。吉盐运到河口后，交盐商于晋省行销，河口以下具体事务由山西负责管理。但由于种种困难，这一章程仅实行了很短时间就告废止。

嘉庆十七年（1812），清政府被迫停办吉盐，复将吉兰泰盐池归还阿拉善亲王。同时对其产运销作出严格规定，如所捞之盐只准车载畜驮由陆路贩运，就连磴口以下至河口也“一概不准水运”等等。从此，吉盐运销山西受阻，晋北一带又回到以土盐和蒙盐为主的状态。吉盐运销由此转衰。第一个黄金时段就此告结。

转机出现在清末。

光绪九年（1883），山西巡抚张之洞奏准，除杀虎口外，准吉盐在黄甫川对岸之河曲渡河登岸，不得任意下驶。这就意味着吉盐可以通过黄河由磴口一直运到河曲，山西盐商可以合法地从磴口贩运吉盐经水路到山西，缴纳厘税后在晋北各地销售，从此吉盐运销山西又现生机。

光绪二十八年（1902），官方再度介入。清廷在包头设官盐局，每石抽厘银一两。光绪三十年至三十二年（1904—1906），每岁均获利至一万五六千金。

光绪三十三年（1907），晋北榷运局开始以“岁出七千金”包租吉兰泰盐池，“于磴口设子局，建仓廒，专司收买囤积”，在南海子设盐栈，托克托之河口

（1）商人把粮食运往边镇。

（2）在边镇交粮领取盐引。

（3）拿盐引到指定产盐区领取食盐。

（4）卖盐获利。

（5）再购买运往边镇的粮食。

设分局。榷运局将吉盐运至包头后，河曲等地之盐商购包头盐局之盐，经河路由河口分局验票放行，分水陆两路续运，陆路运销归化城一带，水路运至偏关、河曲、保德、兴县、碛口等码头，再转手经陆路运销山西北中部各地。民产、官收、官运，吉盐水运大开。宣统三年（1911），由于积压亏损，改行官运商销，太汾以西，黄河以东，武川、五原以南均为吉盐销岸，水运至碛口起岸。

1914 年、1915 年、1918 年，晋北榷运局数次续租吉池。1919 年，因官督商运效果不佳，改为商运商销，由收税局监视商人承运，盐税及盐价均须缴纳现款方予放行。1921 年，开放吉盐，准许各商纳税后自由运销。1942 年，阿拉善旗将吉兰泰盐池从官盐局手中收回。在此期间，吉盐的年运销量在 5 万石以上，合 1 800 万斤，成为山西北中部食盐的重要补充。仅河曲一县，1933 年就输入食盐 100 万斤。据民国二十几年的一份统计资料显示，吉盐占到晋北地区行销的外省盐斤的 34.8%。

第二节 磴口风云

磴口因“磴”而得名，因“口”而为用。作为阿拉善地区通往内蒙古中部与陕、晋北部最便捷的水陆门户和吉盐外运的唯一口岸，这个边地的小小居民点一度成为风云聚汇之地。官方设点，富贾盘桓，无数渴望富裕寻找机会的人们流连其间。机警的布局，精明的谋算，设套、贿赂、迎送往来、钩心斗角……重温那一幕幕折子戏，仿佛这一切不是发生在离我们一二百年前而是正进行于今日你我之间。

历史那么鲜亮而灼目地晃你的眼。一切都没有变。

关键词：磴口重镇　商埠繁华　成败一人

一、地理要冲

磴口县位于巴彦淖尔最南端，毗邻乌海，东隔黄河与鄂尔多斯相望，西接乌兰布和沙漠与阿拉善相连。

磴口的“磴”，指石之阶。黄河流至磴口处为南北向，磴口在黄河西岸，由于该岸河槽基岩坚硬，河水不易冲淘，而上层覆盖着松散的沙壤土，易冲淘，这样水涨水落，久而久之便留下一级级台阶。磴口又是黄河东西交通之重要渡口，故而得名。1926年以前，阿拉善王爷在此设磴口署（相当于区）。冯玉祥国民革命军在五原誓师挺进西北，途经此地，看到沿河一带农牧发达，人口稠密，磴口码头商贾云集，街井有序，遂决定在此设县，这是磴口最早的县治。

磴口地理上的重要性体现在两方面：一是磴口位于阿拉善额鲁特旗最东部的南北中间点，又濒临黄河，可以说是阿拉善地区通往内蒙古中部和陕西、山西北部最便捷的水陆门户；二是磴口位于吉兰泰盐池的正东稍偏北，是畅销宁、甘、蒙、陕、晋的优质吉盐的最佳转运之地。因为前一个原因，磴口甚至在清代之前已经是一个汉族和蒙古族之间以物易物的“贸易之点”，可以说是阿拉善地区最早的商贸据点之一。因为后一个原因，自清代乾隆初年吉兰泰盐池开采以来，磴口一直是吉盐外运的唯一口岸、晋蒙粮油故道水路的起点。磴口的繁荣和衰落与吉盐运销紧密相连。前文已经说过，吉盐通过黄河水路运销包头、归绥及山西有两次高潮，一次是乾隆二十二年至嘉庆十七年（1757—1812），磴口进入官方的视野，开启吉盐经磴口水运山西的先河；另一次是清末至民国时期。这也正是磴口历史上最重要最辉煌的时期。

包头以上的码头皆以上货为主，其中以磴口最为重要。晋蒙粮油故道上的六大类货物之一的吉兰泰盐就是从这里外运，鄂托克的天然碱的相当部分也通过这里装船（河东岸不远就是鄂碱的集运中心碱柜），这里也是附近地区的中药材、皮毛的外运口岸。相对而言，在粮油故道早期磴口的重要性更为显著，因为当时运盐占据主要位置，正如《绥远通志稿》所言："迄于清初，水路又见恢复，而其始主要运输则在盐而不在粮也。"

在半个世纪里，磴口由一个不为人知的黄河渡口一变而成为广受关注的吉盐外销口岸，磴口也由一个小小的居民点变成繁华的商贸重镇。

二、商埠繁华

吉池承包者组织人力捞晒吉盐，然后雇请蒙古驼户驮运至磴口，或存于自己的仓廒，或售予当地商家。再由盐商将吉盐装船运至托克托之河口或者以下口岸，运赴晋省。

每年数以千万斤计的优质吉兰泰盐经由磴口这个水陆码头外运，必然带动相关的服务行业空前发展。

首先是陆路驮运服务。从产地吉兰泰盐池到磴口 100 多公里的运输，全部是由骆驼来驮，如果每年外运 1 600 万斤，每峰骆驼平均可驮盐一石合 360 斤，共需 4 万多峰次。驮盐须避开夏季雨热，每年十月起场，次年四月底收场，一年的驮运期为 7 个月，平均每天有 210 余峰骆驼到达磴口。磴口要为这个庞大的骆驼运输队提供必需的服务，要有足够的骆驼店，供应草料、场地以及驼夫的食宿条件。

其次是从事盐业的所有民夫及其家属所需粮油等日用品的供应。吉盐驼队主要由蒙古族牧民提供，驮运吉盐是蒙民一项重要的生计，阿拉善王爷玛

晋商的驼队在打尖

哈巴拉在奏请上交吉兰泰盐池的“印文”中说道：“所管民人全赖驮盐换食度日……所有磴口盐斤用骆驼驮载，蒙古人等得有微利可以糊口。”盐池捞盐晒盐的民夫、磴口装盐卸盐的苦力、运盐船上的船夫、造船的工匠、驮盐的驮夫，他们以粮油为主的生活必需品大都要由磴口供给。磴口一带并非产粮之区，所需粮油等物要从宁夏、平罗输入。粮油贸易、粮油加工各业因此在磴口得到发展。驼户的“脚费”（运费）大多是以日用生活必需品折合银两支付，所以，经营吉盐运销的商家还必须准备好米、面、油、茶等物品，当蒙民驮来吉盐，返程时将上述日用品驮走。

其三是仓储装卸服务。作为转运码头，仓储功能是必备的。商家在磴口必然要兴建足够的仓廒，以存放由驼队驮来的吉盐。仓廒不仅需要修建，还得有人管护。岁修、押运、管廒商、伙工饭食器用等项，均需费用。装卸也是必不可少的行当，或者专职或者兼职，要有一批装卸货物的苦力，一方面将数以万计的骆驼卸载，并搬运到仓廒，另一方面再将贮仓之盐运到码头装船。由于装卸量较大，所需人力不在少数。

其四是造船与船运。每年 1 600 万斤吉盐外运，约需 500 只木船。盐船的需求量因为黄河运输的特殊性而较大。吉盐下运到山西境内的船只几乎都是一次性的，没有再返回磴口可以二次使用的；运到内蒙古托克托河口的船只，也仅有少部分可以返回磴口。因为，商贩在售盐旋回之时，“就近将船一并售卖，是以所需船只需年年新造”。这样每年外运 500 船吉盐，不能说年年都要打造 500 只船，至少也要打造二三百条。这是一个不小的数字，需要大量的木料和人力。磴口一带多沙漠，树木极少，所需木植要从甘肃兰州、灵州等处购买下运，每年购买木植 1 万多根，最多时达 3 万多根。还要将这些木料加工成船，所需工匠人力是相当多的，造船这一行当在磴口一带也应有一定规模。每年 500 只盐船需要大量的船工，船工大多来自宁夏，也有来自山西河曲、保德等地，他们在磴口停留的时间并不多，更多时候是在黄河上行船，或者从陆路上往磴口赶。

盐运管理机构当然是必不可少的。磴口成为吉盐外运口岸，相应的监管机构也随之设立。磴口的盐务管理人员主要有：盐大使一员，办理吉盐验放事宜；运判一员，协助盐大使工作；把总、守备及兵丁若干，以保护吉盐运道。

必不可少的当然还有盐业商号。阿拉善王爷的盐池主要是由商人承包经营，即使“奉公归官”的几年也是由坐运两商经办。为阿拉善王爷筹办盐务 40 余年的马君选在磴口开设“复盛号”盐柜，雇人捞取盐斤，捞盐民夫之口粮以及其他用具，俱由盐柜支付，造船所需木植亦由盐柜负责采办。每石盐斤向阿王缴纳银钱四钱，每斗盐斤付给驮盐户脚价银一钱七分，每年捞盐 3 万余石。除马君选外，尚有众多内地商贩在磴口各立字号，买盐造船运赴内地销售。嘉庆十一年（1806）吉池充公之前，磴口存盐未运者达 1 200 余石，并有盐船 20 只，系“商贩复盛信号阴登选、三合兴号徐魁、永裕顺号王存慕、复盛泉号石毓珍、复盛永号张等五家买贮，其船只亦是该五家所造”。归官办运期间，坐商有马启龙（马君选之子），运商有马遵义、任国屏等。

晋商乔贵发也在这里留下了痕迹。现磴口县政府所在地巴彦高勒镇，原名“三盛公”，就是乔家的商号。乔贵发当年走西口，和秦家开了一个小字号“广盛公”，后来改名为“复盛公”。“三”指三道河，磴口的一个地名。“三盛公”取意买卖公平，昌盛发达。1875 年比利时国神甫德玉明经阿拉善亲王同意，在其领地传教，买了“三盛公”油坊的部分房屋。后来“三盛公”商号渐渐垮了，而 1893 年德玉明神甫在原址上兴建的“三盛公教堂”成为西南内蒙古教区的主教府，管辖着西南内蒙古地区和陕北部分地区的 4 万多名教徒。随着人口增长和教会影响日盛，“三盛公”竟作为一个地名被叫了出去，原名三道河被人遗忘。“三盛公”地名一直沿用到 1958 年，巴彦淖尔盟政府迁出三盛公另建新城区，将教堂附近改称旧区，而将新区以蒙语命名为巴彦高勒，意为“富饶的河”。今“三

黄河三盛公水利枢纽位于黄河干流的上中游，地处内蒙古自治区巴彦淖尔市磴口县，号称“天下黄河第一闸”。

盛公”的称谓特指黄河三盛公水利枢纽。

光绪九年到民国三十一年（1883—1942）是吉盐外运的第二个高潮阶段，作为盐运码头的磴口也渐渐恢复生机。“清末至民国，磴口码头水运非常兴盛……阿拉善王爷在磴口码头购木船 57 只，每船装盐 90 石，每石重 180 公斤，运盐季节为春夏，盐船顺水下到包头、归化、山西一带出售，一部分陆运陕西、山西西部、宁夏等地销售。当时磴口设的盐务机构有晋北盐运局、甘肃盐运局、包头盐运处等。”“商人于磴口设立铺面，向蒙人趸买囤积，转售于包头商贩”，围绕盐业服务的各种行当重新活跃起来。20 世纪 30 年代磴口居民约 160 余家。“回教徒居其二，汉人皆山西之沁州、府谷、河曲等处来商于此者。市街有商店 20 家……全市贸易额约 20 万……磴口有木船，专往来于包头、宁夏之间，装运皮毛、木材、药材、煤炭、洋货、布匹、粮食之类。”

三、马君选案

马君选案是嘉庆年间发生在磴口的一个大案，对阿拉善盐务影响很大。从这个案子里，我们可以透视出彼时的盐务管理、经营诸方面的情况，揣味商人对这个地方经济所起的举足轻重的作用。

说到底，马君选案发是逐利之举。

吉兰泰盐池属于阿拉善王爷的世袭之产，王爷将吉池承包于回汉盐商，抽取一定额度租银，产运销过程概不过问。乾嘉时期，阿王的这笔业务主要由青海西宁一个叫马君选的人在办，利润很大，这就让人红了眼。

这个红眼人叫夏秉瑚，是湖北江夏人，原以卖药为生，可能还懂些医术。嘉庆二年（1797）阿拉善亲王旺沁班巴尔患病，夏秉瑚不知被谁引荐去给治病，就住在王府。不曾想这病还真给治好了，夏秉瑚自然得着了王爷的另眼相看。趁此机会，他就向阿王请求接办盐务，阿王也就应允了。但当时夏秉瑚根本无资本无力接办，他不甘心，与阿拉善亲王手下杨·阿丰嘎商议，一同进京找关系。他们到北京后碰上了夏秉瑚一个老相识，山西太谷人任国屏。三人共同商量，言定合伙承办阿拉善旗蒙人盐务，并写就合同。然后三人一同赴阿拉善谒见阿拉善亲王，并由任国屏在京筹办了重礼（有上等人参四两、轿车一辆、马一匹、镶玉如意一柄、玉佛一尊、宁绸寸套、洗绒十套、燕窝两匣、蛹黄十斤、海参十斤、宝石顶一座、哈达一个），王爷接了礼，亲批让马君选三年内退交，把业务转交夏等三人。

要说马君选，也不是个平常人。他祖父原在西域，后来同蒙古王子来到青海，康熙年间因出征有功，赏为台吉，与阿拉善王子阿宝贝勒相好。乾隆二十一年（1756），阿宝贝勒之子罗布桑道尔吉赴京，路过归化城，与在归化做生意的马君选哥哥马御选相遇。一叙旧，甚为投机。就说到阿拉善产有盐斤，无人照应，邀马御选、马君选同去阿拉善经营磴口盐务。第二年罗布桑道尔吉就晋升为多罗亲王，乾隆二十四年（1759），任旗札萨克，乾隆四十九年（1784）任宁夏将军。

马家兄弟二人到磴口后，修了店铺盖了盐库，为阿拉善王府代卖盐斤。复于乾隆五十一年（1786），阿拉善王爷旺沁班巴尔进京之际，向同宜大人奏明每年造船 500 艘，水运盐斤 2.8 万石，由阿拉善旗发给运盐执照，运往山西各州城粜卖。后马御选去世，由马君选一人会同蒙古三名官员共同主持磴口盐务四十余年。

马君选有两子一侄，儿子马起风、马起龙，侄子马起麟。还在乾隆五十四年（1789）捐了个功名，正所谓财雄势大，哪能轻易罢休呢？

嘉庆九年（1804）阿王旺沁班巴尔病故，盐务转交一事近乎搁浅。但夏秉瑚等三人接管磴口盐务既有合同，何况任国屏送礼花费很大。眼看事成僵局，夏秉瑚无奈之下，走向状告马君选之路。没承想弄巧成拙，被当局各打五十大板。

嘉庆十年（1805）六月夏，夏秉瑚以欺上瞒税的罪名控告磴口盐商马君选，案件转由陕甘总督府审理。府衙认为：马君选自行出口盐斤，互相买卖诓骗钱财，水运南下越境倾销，甚至私入楚豫侵占淮纲。结交蒙古王爷代为经理蒙古盐斤，从中渔利多年。裁定，革了他及子侄的功名，发边充军。由于马君选已年逾八旬，准予以三万两银赎罪。

至于夏秉瑚意欲接管蒙古盐务藉以获利，招引任国屏，馈送阿王礼物拉拢，以财求办，应依结交外族照例充军，但因为尚未成事实，比马君选情节轻，所以罪减一等，杖一百，收入大牢。任国屏由山西原籍查办。杨·阿丰嘎交阿拉善王府自行究办。该案宣告结束。

马君选案结束了，但马君选留下的一摊子却叫人作了难。马君选在阿拉善磴口经办盐务多年，从外地雇人捞盐，招募驮盐驼队，购木造船，收购储存盐斤到发运盐斤等一系列工作，有了相当规模和根基，成为磴口一个大盐商。对阿拉善旗盐务起着举足轻重的作用。马君选一经服法，磴口盐务无人经管，蒙人亦不善此事，一时又找不到合适人选，居然陷磴口盐务于瘫痪状态。同时这一案又牵连到王府，无奈之下导致王爷把盐池交归清府充公。这就是前面说到的，清府设定了一系列纸上章程，结果搞得磴口盐务无利可图，无人打理，池盐晋运结束了第一个黄金期，落入萧条。

第三节 说 碱

内蒙古地区碱质量最好，碱的产地有鄂托克、杭锦、托克托，其中鄂托克碱属于天然碱。

盐、碱往往是姊妹产品，由盐碱商号一起经营。河口镇就是以“盐碱囤积内运之场”而著称，其他口岸城镇盐碱也大都是由同一商店售卖。盐碱又是晋蒙粮油故道上两类相关商品，与吉盐运销山西同时，口外碱块也经黄河水路在山西销售。

关键词：采制 运销

碱既是人们饮食、洗涤之所需，也是印染、皮革等行业的原料。碱的销售对象不仅是广大老百姓，还有印染行。内蒙古东南、西南诸部均产优质碱，就黄河水运而言，内蒙古碱的输出主要在鄂托克旗、杭锦旗、托克托县等地。

内蒙古碱产品主要有两类，一类是天然碱，另一类是碱土熬制碱。

位于内蒙古西南部黄河以东的鄂托克旗是最著名的天然碱产地。旗境东部的召稍、巴音淖尔、察汗淖尔、苏米图、额尔和图等乡或苏木有大小天然碱湖九处，天然碱储量丰富。早在清代前期，其中一些淖尔的天然碱就开始采挖外销。采挖多在冬季，碱已在淖中结晶成块，“挖出来的碱，便是结晶的块碱，像大石头似的，一块约在百斤左右”，基本不用加工，只需要将边角弄整齐即可运销。鄂托克碱有相当一部分是先用骆驼驮运到黄河东岸附近的碱柜存储，然后由磴口码头装船经黄河水运外销。碱柜之得名大概因为这里是鄂托克碱的主要储存和装运之地。鄂碱主要是由碱柜而中转，先运到托县之河口，再运销山西北中部甚至晋南地区，一些商人由此而发财，而承担水运的盐碱船也被称为“河口碱船”。

杭锦旗位于鄂托克旗以北，西、北两边黄河环绕，也是产碱及输出之地。“碱产于旗境北部碱湖”及碱淖，但所出之碱必须熬后方可应用，与鄂托克旗天然碱块不同。杭锦旗产碱区邻近黄河，外运方便，北距黄河不远的碱柜就

托克托县有一座建于清朝中叶的龙王庙。1862 年河口商人集资给龙王庙竖立了一对生铁蟠龙旗杆。这两根蟠龙铁旗杆对称而立于龙王庙的山门前。如今，像这样生铁蟠龙旗杆在全国仅存两对。

是杭锦碱经黄河运销的重要中转地。道光二十八年（1848），曾发生包头、保德州等地的汉民乘 100 多条船，强行采运道图淖尔碱，守湖的旗官兵丁无法阻挡的事件。河套大地商王同春曾经承包淖池，开办碱场，前后费银三四万两，规模宏大，所产碱行销华北，首先当然是经黄河运销山西。

托克托县位于黄河由东而南的转折之处，属土默特平原，距山西北部较近，水陆交通方便。黄河北岸的河口镇，自乾嘉以来即为“盐碱囤积内运之场”，民国年间每年制碱“40 余万斤，输出 30 余万斤，除本县销售，并由水路运销晋南一带”。托县的碱也是需要熬制加工的，首先是扫集含碱量较高的碱土，一般是在春夏季节进行，然后运回碱场过滤成碱水，再加以熬制或晒制，方能结晶成碱块。河口的碱行商号著名的有三家，碱业约占盐业的十分之一，每年外销十余船。

碱尽管也是日常生活的必需品，但重要程度和稀缺程度均远不如盐，因此碱不像盐一样受国家管制，任凭民间自由运销。而且，碱的销售范围比吉盐要广泛，除了在晋北、晋中运销，鄂托克碱还远销晋南地区，而吉盐是到不了那里的。

第五章

包头黄金旅程

包头黄金旅程，有三方面的含义：一是包头本身的发展，是一个财富急速聚集的过程。从走西口的人们雁行的一个落脚地，发展成为西北地区最大的商业中心城镇，体现出“商”之魔力。二是整个西北地区买卖贸易，举凡京、津、陕、甘、青、内外蒙古、新疆货物之往来，均以此为转运之场，是这一黄金线上的黄金枢纽。三是包头作为水陆交通要冲之地之生命力长久，亦如黄金的坚韧，在晋蒙粮油故道走向衰落之后，不仅没有像河口、碛口那样随之衰落，反而因为京绥铁路的开通等因素发展更加迅速。

包头是“包克图”的转音。这里曾经水草青青野鹿成群，所以被叫作包克图——有鹿的地方。因此，这里也叫作鹿城。包头也真如鹿一般迅捷、灵巧、机警，如鹿一般曾在风中展现其让人惊叹的速度与姿仪。

在完成了自己的历史使命之后，如今的包头是塞上一座安分守己的城市，沉静地朴素地过着自己平实的日子。时间过去得久了，人们简直忘记了他那平淡的面貌下面，曾蕴蓄过那样的力量，曾起伏过那样的波澜。

俱往矣。

第一节　晋商与包头

包头是与粮油故道同步诞生、发展的。

“先有复盛公，后有包头城”，说的是包头与晋商的关系。包头城是在商业带动下萌芽、发育、成形的。在包头从一个小小的定居点发展而为村为镇为城垣的整个过程里，山西商人是最重要的参与者和推动力量。

包头与晋商息息相关。

关键词：包头村　包头镇　包头县　包头商城

包头是以其地利之便首先为商人看中，最终发展成为一个国际大商埠的。

包头北依大青山，南临黄河，东西介于土默特平原与后套平原这两大粮仓之间，大约处于晋蒙粮油故道水路的中点。大青山以北是广阔的乌兰察布天然牧场，黄河以南是鄂尔多斯高原，西经阿拉善牧场连接甘肃、青海、新疆，沿黄河上行可达后套、宁夏、甘肃，下行可经河口、河曲到碛口。不仅是内蒙古土默特部、乌拉特部、鄂尔多斯部三大部物品交会之地，更重要的是内蒙古西部、外蒙古及整个大西北粮油、皮毛、牲畜、盐碱、药材等产品东运进入内地的必经之地，也是内地商品进入西北地区的重要中转之地。

简而言之，旅蒙晋商勾连华北与大西北，继而前行至俄罗斯，必得经过此地。包头就是这样经由商人，进入历史。

一、康乾时期，包头渐成村落

包头位于黄河北岸的原野中，早在秦汉时代就已有开发的记载，但是作为一个村落的名称，包头于清代前期才出现。

包头是由走西口者聚居而自发形成的。

康熙西征噶尔丹期间，内地汉族旅蒙商人和小商贩及手工业者随军进入包头地区，在今东河区西脑包、井尔坪、西水沟附近贸易，但均为春出秋回

18 世纪塞上商城——包头

的雁行客，并不定居。

约在康熙末年及雍正朝，逐渐有走西口者在今转龙藏周围定居下来，一面经商，一面租种土地。他们大多是山西代州人，故今包头东河区东河村，曾名“代州营子”。这时候，定襄铁匠梁如月创办了包头最古老的商号——如月号。

如月号最初是一间铁匠铺，以打造刀锄等农牧用具为主业，兼钉马掌、修理箭头。农牧民多以皮张、鹿茸、雕翎付工钱，梁铁匠将所收之物，运回内地出售，买卖渐渐做大了。雍正年间，梁如月在今包头东河区民生街路北购地一块，开设“如月号”，经营杂货。“上自杂货布匹绸缎，下至铁柳圪搅棍棒”，日常所需，应有尽有，不久就成为包头六大杂货铺之首。

除了日用百货，如月号还别出心裁，瞅准当时包头人口骤增，人们婚丧嫁娶越来越频繁这一现象，在乾隆年间开设了一间“如月鼓房”，承办婚礼鼓乐，还购进一对紫檀香木轿杆的花轿出租。

这轿子火啊，不仅被新嫁娘租用，还成了一种身份的象征，常被来办官差的官府人士征用，包头巡检赴萨拉齐厅办公、清明节城隍爷出府都得租用此轿杆，一时风光无比。

雍正三年（1725），为保障贸易安全，清廷特准给汉商发放“龙票”，类似于今天的经商执照。龙票其实早在康熙四十三年（1704）时就开始发行，当时每年清政府令户部发印数百张，实为准许汉族商人进入蒙古地区经商的许可证。从此，来包贸易者渐多，他们以昆都仑、西脑包、井尔坪三处为中心开始筑舍定居，渐成村落。于是，包头第一家旅蒙商（时称蒙古行）“永合成号”出现了。

顾名思义，“永合成”是两个人的合伙买卖。山西定襄县的两个商人，一个姓智，一个姓梁，结伴来到包头，合伙买下一块地皮，开设“永合成号”。初以加工粮食、出售米面为主，后又以粮食、布匹、砖茶等货物运至后山、外蒙古，与蒙人贸易，换取皮毛、牲畜。他们还从事农业生产，其耕作的土地叫“永合成地”，居住之地叫“永合成巷”。

他们一边做贸易，收购河套粮食，然后用驼队将粮食、杂货等运往蒙古民族居住地，再换回皮毛、牲畜等。但店员也必须学会农活，老百姓称：“要住永合成，先学排渠垒圪楞”，因为他们还有一半精力在这块地皮上种田。后来，包头城垣建成后，永合成地几乎占城垣内一半的土地，现在的包头市东河区永合成巷只是永合成地很小的一部分。永合成买卖兴隆，人气旺盛。道光二十九年（1849），永合成即为当地首富。

由于移居者越来越多，乾隆六年（1741），清政府设昆都仑协理通判，以治西脑包。至此，包头已经由转龙藏、南龙王庙、召梁、寺梁、西水沟、井尔坪、西脑包各个居民点自发形成蒙、汉、回杂居的较大村落，并逐渐形成东、西两

延伸阅读

龙票：清时针对边境贸易大幅增长而特颁的一种“营运许可证”。从形式看，长四尺宽三尺，四周饰以龙纹，用满汉两种文字签发，加盖印信。

砖茶

条街道。山西忻州人在这儿开了五六十座小煤窑，除满足本地需要，所产煤炭还销往萨拉齐及归绥一带。同年，鉴于汉族农民、商人不断移入及蒙户的定居，清廷开始在包头设置“牌头”、“总甲”（据《大清会典》，“十户为牌，立牌长；十牌为甲，为甲长”），包头当时为一甲之地，实行蒙汉分治。

到乾隆中期，包头商业渐趋繁荣。山西忻州王、石两家财东投资白银1万两，在包头开设“义成昌”总号，店伙130多人，并设分号于归化城。忻州财东部家投资白银4 000两，开设“大义长”，店伙30多人。这些都是影响较大的商号。乾隆二十五年（1760），清廷取消了昆都仑协理通判，将其属下汉民统隶于萨拉齐厅。此后160多年，包头一直是萨拉齐厅的属下。到乾隆五十年（1785），包头已有居民600户左右，约3 500人，是乾隆五年（1740）人口的十倍。

这时期晋商的杰出代表，就是祁县乔家堡的乔家了。

祁县乔家始祖乔贵发乾隆初年由萨拉齐移居西脑包，和秦家搭帮，由小铺做起，后来开设“广盛公”，再后来是“复盛公”。乔家专做“西庄”，就是走大西路，一种长距离东西商品贩运贸易，从内地采购西北地区所需日用杂货，用骆驼运到宁夏、甘肃、青海、新疆等地交换皮毛、药材等土特产品，再转运晋、冀、京、津销售。乔家盛而复盛，几乎垄断了包头的金融、商业，成就“先有复盛公，后有包头城”的佳话。此不赘言。

二、嘉庆年间，包头村改镇

由于居民的增加，商业的发展，相距较远的萨拉齐厅已无力控制包头的局面。嘉庆十四年（1809），改包头村为包头镇，增设包头巡检，隶属于萨拉齐厅，并设把总一员，派兵百数十名，镇守包头，保护商人。

道光十四年（1834），包头汉族人口发展到1 500多户1万多人，是乾隆五十年（1785）人口的三倍。包头镇的规模已经大为扩展，从目前所发现的地契可知，除了最早的东街、西街，还有前街、后街、召梁街、财神庙街、关帝庙街、荣寿街、官街、南圪洞头道巷、南圪洞二道巷等街巷。道光

包头镇的街道

二十八年（1848），建立包头镇税厅，凡由宁夏、甘肃贩至包头的一切杂货，应在西包头镇税厅按例纳税。

山西各地来包定居经商、从事农业和手工业生产的人数大增，他们本着“出入相友，守望相助，疾病相扶持”的精神，自发地按各自原籍，组织起“代州社”、“忻定社”、“祁太社”、“云朔社”、“文交社”等社团组织。后来又出现大量以行业或职业组成的社团。

这期间，包头出现了第一家专营皮毛的商店，是道光十三年（1833），山西河曲陈姓在草市街开设的“公义店”，做皮毛业经纪人。

三、道光年间，包头成为水运枢纽

道光三十年（1850）在包头的发展史上具有特殊重要的意义。当年，黄河因正流北河（今乌加河）淤塞不通，南河成为正流，即今天的黄河主道，从而大大缩短了由宁夏到包头的水运距离，西路船筏开始在包头南海子（即西脑包）码头停泊，包头成为黄河正流岸边重镇。七月，黄河大涨，粮油故道上中游最重要的水旱码头托克托城南的河口镇被冲淹，街市、民居大都被毁，

包头镇黄河岸边的渡船

富商巨贾多移至包头。从此包头成为黄河中上游最重要的水运枢纽，南海子成为最繁忙的黄河码头。

道光以后，后套平原农业开发拉开大幕，各大干渠陆续开挖，大片荒原变成可以灌溉的良田，后套取代归化土默特成为内蒙古最主要的粮食产区，成为粮油故道后期主要的粮食和油料来源地。包头随之变成后套粮油输往山西的集散中转中心。后套是产粮之区，但大部分粮食都是经水路或旱路运到包头经销。后山一带、杭锦等地所产的粮油也都运到包头集散。因此，包头被称为“米粮积聚之地”。在火车未通之前，包头市场上的大批粮油主要依靠黄河水路运销山西偏关、河曲、保德、兴县、临县碛口等地。清代后期，山西地区每遇大的饥荒之年，几乎都可以发现官府派人来包头采买粮米的奏折，包头俨然是山西的备荒粮仓。

道光至光绪年间，晋商可举复义兴做代表。复义兴创于道光二年（1822），同治年间达到鼎盛。复义兴的经理是山西代县上曲村人梁大汉，他是包头修城垣时的总管。

四、清末民初，包头筑城垣

光绪朝后期，包头成为西北最重要的皮毛集散中心。皮毛业成为包头经营额最大、影响最广的行业，当时就有“皮毛一动，百业俱兴”的说法。

包头商贸的繁荣带动了包头多方面的发展。同治九年（1870），包头镇居民发展到 2 800 户 2.5 万人。同治九年至十二年（1870—1873），由大同镇总兵马升、包头巡检崔际平督工修建了包头城，城垣土筑，高 1.5 丈，基宽 2 丈，顶宽 1 丈，雉堞 6 尺，周长约 14 里。

光绪二十九年（1903），清政府设五原厅，但寄治于包头。光绪三十三年（1907），清政府设东胜厅，亦寄治于包头。包头虽未设厅，但临近两厅通判驻于包头，可见其重要性非同一般。

1912 年，包头已有居民 13 941 户近 7 万人。

此时晋商之长袖善舞者，首推皮毛店“广恒西”的牛邦良。这个从山西定襄来到包头创业、从小伙计干起的“牛人”，在 1902 年，使“广恒西”输出的皮毛量占包头输出总量的一半以上。到 1918 年，“广恒西”资金达到 50 万两白银，取代了当时最大的旅蒙商“大盛魁”的垄断地位。

五、民国时期，包头由镇改县

1923 年，京绥铁路延伸到包头，依靠传统运输方式的晋蒙粮油故道的劣势显露无遗，包头却获得了新的生机。由于铁路运输效率要比车驮运输不知高出多少倍，从此，大量的货物运输不再是难事。晋蒙粮油故道包头以上黄河水运比以前更加活跃，上下行船只较以前更多。包头作为西北与华北货物集散交易中心的地位更加巩固，也更加重要，商号、贸易货物的种类与数量都有大幅度增加。

1923 年，全镇拥有大小商号 1 100 多家，年进出口总值在 2 000 万元左右，其中皮毛类成交额即达 1 000 万元以上。1926 年，包头镇升格为包头县。1928 年，包头全县总人口达 122 723 人，几乎是 1912 年人口的两倍。到 1934 年，包头商业臻于极盛，有大小商号 2 000 家左右，包头火车站年发货 22 661 吨、到货 7 850 吨，进出口总值增到 3 000 万元以上。

六、商城包头

从包头的街巷名称来看包头也是一个有趣的角度。资料记载，从乾隆年间形成街道至城垣拆除前约有 123 条街巷，大多与商人有关，直接以商号、集市命名的占到三分之一。

嘉庆十四年（1809）前，包头村最古老的两条街是按地理方位命名的，瓦窑沟口以东称东街（今东门大街），以西称西街（今解放路）。当时有确切记载的商户就有 63 户。

包头作为村时最繁华的是东街，包头最古老的商号“如月号”杂货行和最大的商号乔家“广盛公”（后改名“复盛公”）都在东街上。以“如月号”带动的定襄人集中做生意的地方叫作定襄巷，即现在的新生巷。

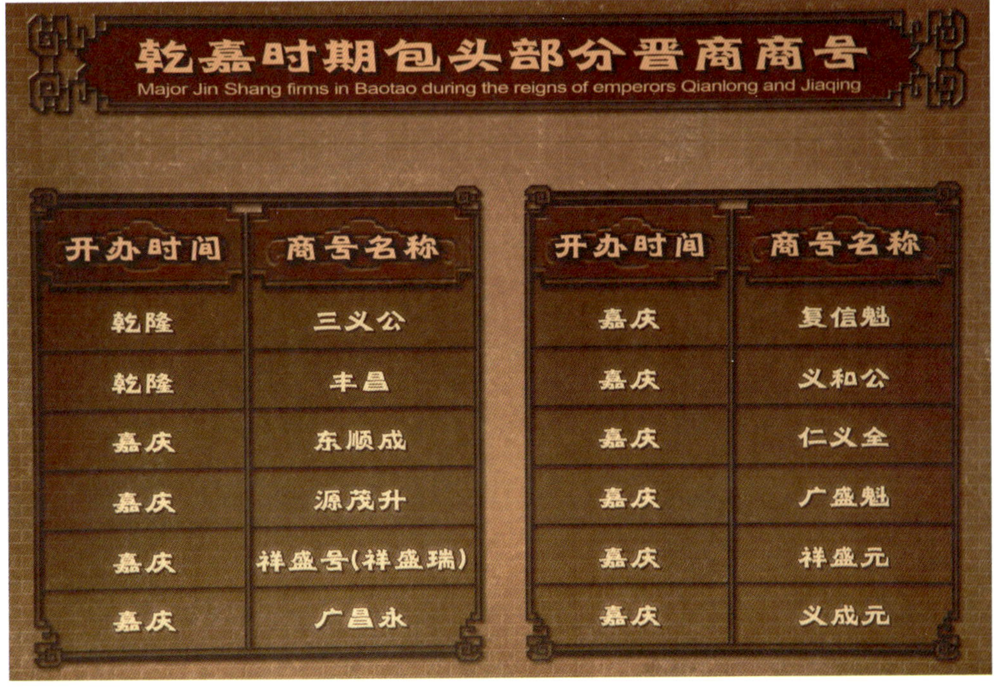

乾嘉时期包头部分晋商商号

Major Jin Shang firms in Baotao during the reigns of emperors Qianlong and Jiaqing

开办时间	商号名称	开办时间	商号名称
乾隆	三义公	嘉庆	复信魁
乾隆	丰昌	嘉庆	义和公
嘉庆	东顺成	嘉庆	仁义全
嘉庆	源茂升	嘉庆	广盛魁
嘉庆	祥盛号（祥盛瑞）	嘉庆	祥盛元
嘉庆	广昌永	嘉庆	义成元

乾嘉时期包头部分晋商商号

包头成为城镇时，开始以商号来命名街巷。最早的两条，一条是太平官巷，回民马功开办太平驼店，因当时人们称公共街道为“官街”，所以太平驼店所在地称为太平官巷；另一条就是永合成了。同治年间，以糕点业“富三元”起名的富三元巷是南北最长的街。包头最晚以商号得名的是涌泉巷。1925 年 9 月徐向荣创办涌泉浴池。这时候因为商业得到了相当的发展，以集市形成的地名有牛桥街、炭市街、草市街、车市街、川行店、中市场等。

包头镇以人名命名的街巷有 12 条，也多与商业活动有关。王宜卿在光绪年间任统捐局总办，他所住的巷称王大人巷；复义涌粮店财东蔺三住处称蔺三巷等。

光绪年间，包头已成为我国西北皮毛集散地，商户和居民开始在东、西街南面和城西门内大量修铺盖房。随着工商业发展，这时以商号名称命名的街巷达 24 条。

通顺街原名叫中行街，是由 1916 年在这里建成中国银行而得名。1949 年绥远“九一九”和平起义，董其武将军等就是在这里通电毛泽东主席宣布起义的。

第二节 米粮集聚之地

粮油故道前期，河口是粮油运销山西的主要口岸，包头是后期的最大口岸。

后套地区农业开发后，包头一直是该地区大量粮油商品东输的主要中转地。吉兰泰盐，鄂托克等地的碱，阿拉善、杭锦等地的中草药材，西北牧区的皮毛等货物，大都要在包头集散、中转。

关键词：集聚地　河路店　市口店

当后套平原取代了土默特平原成为粮油故道上主要的粮源地后，包头的商业地位也就日益显著。

后套大部分粮食都是运到包头经销（有少量直接运销山西、陕北等地），大青山以北后山一带、伊克昭盟等地所产的粮油也都运到包头集散。如《绥远通志稿》所言："包头开发之后，首以粮业为重，盖自道光间，粮业充扩……包头粮商势力极大，其所操纵，除杂粮而外，尚有山油一种，皆就地购买，必使市无余蓄以待价昂，或预料后疲，始大量出买，以冀获利。"因此，人们称包头是米粮集聚之地。

粮油商品从产地进入粮油市场主要有以下几条途径：

一是农民或地主直接将粮食运送至粮油商号的店铺，或运到口岸码头售予粮商。距离粮食集散中心不太远的地区可能是前一种情况，而黄河上游河套地区应该是后一种情况。如新修《五原县志》所言："清末以来，本县农民自销余粮，由陆路和水路外运，粮商和农户将粮食从惠德城、三苗树黄河渡口，用木帆船从黄河顺流而下，运往包头和晋西北销售。农户在冬闲时，将白面、糜米、胡油等成品粮，用牛车运往包头销售。"这样做尽管费时费事，但避免了中间商的盘剥。

二是粮油商号到产地收购。收购的方式灵活，或者在固定的日子到集市上收购前来赶集卖粮的农民手中的粮食，或者专门"设立粮盘，收购原粮"，

斗、升：旧时用来称量粮食等，既做量具，又做容器。

还可以有预约购买，在粮油作物生长期间粮商即与农户订立契约，约定购买品种、数量、价格及交粮时间，粮商先付一部分价款，余款待粮食交到后付清。这种情况在清末民初较多发生。

三是粮贩子转手。粮食交易兴旺之时，一些人做起粮食贩运生意。鉴于农民距市场较远，运送粮食困难，粮贩子利用自己的水陆运输工具，到产粮地收买农民粮谷，运至包头转售于粮店，以两地之价差获取利润。

包头的粮油商号大体分为河路店、市口店等几种。河路店即粮货店，主营从黄河运来的粮食，兼营其他杂货，主要业务是代客保存、起运、买卖。上游客商主要来自后套，下游客商以山西人最多。粮货店还备有客房，并派人伺候，但伙食费用各自负担。

河路店经营的粮食主要来自河套的五原、临河、陕坝等地，大多数由木船装运，也有用马车骆驼运输的。清末民初，黄河上航行的木船较多，每只船可装 160—180 石，全年从后套河路运来的粮食约 12 万—13 万石。还有从甘肃、青海等地运来的皮张、绒毛、药材。粮船来到包头在南海子靠岸，其他货船在王大汗营子、二里半靠岸。这些客商大都有固定的“相与”店号。当时的河路店有三元合店、集义公店、义和永店、永和长店等粮店。

河路店业务很不错，大的店家每年经营的粮食多达两三万石。粮船到岸，粮食多数是起回粮店，也有少数就在河岸直接销售。粮食买卖都要过斗，100 石粮食须付给店家斗银 1 元。买卖 100 石粮食河路店打佣 3 石，其中卖方负担 2 石，买方负担 1 石。由河路店保管的粮油，每 100 石每年耗粮 2 石，每过一个伏天，每 100 斤油耗油 2 斤。有的粮店还在春季赊与船户糖、布、棉花、生铁、砖茶、生烟、火柴、煤油、调料等货物，船主到五原、临河、陕坝等地倒换粮食，秋天运粮回来再行结算。

市口店是由一些殷实粮商经营，俗称倒粮盘子。其营业性质是指买空卖空，所做交易一般不动用现粮。但市口店得有足够的底粮（现粮）。不然，一旦买主要求付现粮时，不能如数付出，就会被“翻盘”。如果有买家将市面上某种粮油悉数收购，便是“霸盘”。

市口店是做大生意的，因此必须具备两个条件：一是拥有至

复盛全一拜免债务：1922 年包头一家商号生意“搁浅”，财东杨某欠乔家复盛全 6 万两白银无力偿还。乔东家认为若诉诸官府，必致其破产倒闭，与今后自家业务也不利，与其打官司把钱往衙门里送，莫若花钱买个厚道，交个挚友。于是派人“请”来赔累不堪的杨某，让他给自己磕了一个头便算了事。

少 6 000 两白银的资金，二是财东、经理都要有良好信誉。市口店曾盛极一时，当时的市口店有复盛公、复盛全、复盛西、通和店、义盛店、恒兴昌、广义和、广顺永店等，经营的货物主要是糜子、高粱、麻油三种。

市口店每日开两市，时间是上午 11—12 点，下午 6—7 点。其余是各商号承揽业务的时间。各店家轮流开市，每家占市一天。开市时，轮值店家派一位“站市头”（相当于业务主任），负责上街承揽和成交业务。其他各店家分别派“上街的”先到开市粮店告知将要承揽的业务，开市时与“站市头”做买卖交易。交易过程一般并不言语，而是以暗号沟通买卖意向。

按照市口店的规定，在交易订妥后，按春、夏、秋、冬四季标期结算。如春标过后成交的业务，可在夏标结算；夏标后的业务如不能兑现，可推到秋标结算。若到期仍不能兑现，即按照现时行情各找赔头和赚头。如果成交生意数字与赔头很大，还可以经双方同意延期，这样就不必动用现粮了。

市口店的买卖带有明显的赌博性质。粮价的波动除了由年景好坏决定外，还受大粮商的操纵。当年，倒粮盘的人每家房上都装有小风旗，观看风向，每天上下午及晚上都要做详细文字记录，他们靠经验能够推断出下一年气候的好坏、雨量的大小，而后根据气候的变化来控制行市的波动，决定买还是卖。如果市口店倒手的每石粮涨价一分银子，做 200 石粮食的倒手买卖，就可能盈利二两银子，这叫“吃过水面”。如果价格下跌，则亏损。

包头粮商所经营的粮油除了供当地消费外，一部分运往外蒙古，一部分依靠黄河运销山西偏关、河曲、保德、兴县和临县碛口等地。京包铁路修通后，包头的粮食又开始大量运销京津。

第三节 包头的皮毛店

包头在成为粮油运销中心的同时，还是华北与西北最大的贸易商业城镇。包头地处黄河水路要冲，是西北皮毛出口的唯一通道。要搞清这个位置有多重要，得先明白皮毛之于近代西北贸易的意义。

关键词：兴起　繁荣　定规　延展

一、近代西北与皮毛贸易

西北地区在清代一般指陕、甘、宁、青、新，而到民国时，尤其是在民国开发西北的浪潮中，其地域逐渐又涵盖了绥远、察哈尔和西康。这一带位于我国农牧分界线以北地区，是主要的皮毛产地，近代中国 70% 以上的皮毛产于这一地区。其中，甘、宁、青、绥四省以黄河运输为中轴结成一体，是西北皮毛市场的主干。

西北贸易古远，丝绸之路即为明证。但其时西北只是中转站，在中转中捎带一些出口产品。这一现象延续了几千年之后，在清代晚期出现了变化。

光绪五年（1879），天津英国洋行一个叫葛秃子的买办，探险来到了阿拉善盟东部的石嘴山，惊奇地发现当地人将羊毛沤为粪土。葛买办当即赊购 4 万斤运往天津销售，大发其财。第二年，英国瑞记商行便在石嘴山设立洋行收购羊毛。随后兴隆、仁记、新泰兴、天长仁、和平、高林、聚力、隆茂等 10 家洋行也来到石嘴山，收购触角开始深入到西北地区的各个角落，西北皮毛开始作为商品大规模输出了。

1881 年，汇丰银行在天津开设支店，中国羊毛开始交易。根据海关统计，天津在 1885 年以前，羊毛出口量都在 6 000 担以下，1885 年达到了 19 747 担，5 年后达到了 80 679 担，是 1885 年的 4 倍多，平均每年增加 12 186.4 担，这就是西北羊毛大规模输出的开端。中国羊毛出口最繁盛的阶段是在 1919 年到

汇丰银行

1929年，毛类出口规模，在1919年到1929年之间近一半的年份超过了45万担，其中80%左右来自西北地区。

平均而言，皮毛贸易收入占到西北地区输出商品货币收入的70%，成为西北最大的财富来源，皮毛贸易逐渐成为整个西北商业、金融运行的"发动机"，财政收入的主要来源，整个西北经济社会运转的支柱力量。

二、热热闹闹的包头

包头地理位置本就得天独厚，1923年京包铁路的开通，更把西北地区的重要交通线路黄河水运与铁路联结起来。直到抗日战争爆发，"水旱码头"的包头一直是西北商品中转的枢纽。

皮毛行业真正的繁荣期应当在包头成为西北皮毛集散中心以后。

包头的皮毛贸易可以追溯到道光年间。道光元年（1821），包头镇"商贾会馆"改为"大行"，大行设总领，由财力充足的商号经理担任。最早经营皮毛生意的是"蒙古行"商人，他们用日用杂货到蒙古民族居住的地方换取皮毛。

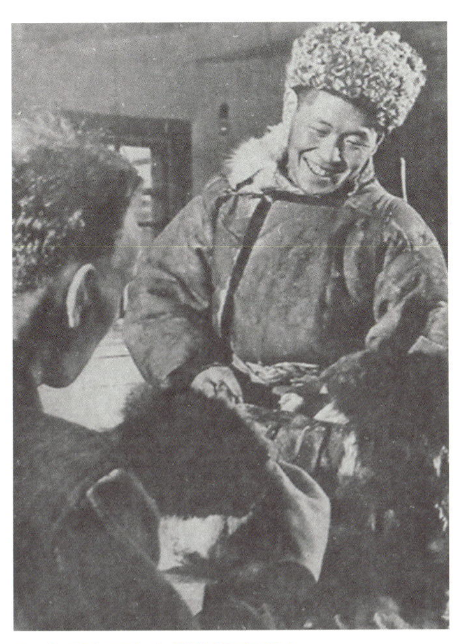

皮毛店正在交易的买卖双方

道光年间梁大汉所开设的复义兴商号就开始从事这种业务。

道光十三年（1833），山西河曲县陈姓在包头草市街的公义店充当皮毛业经纪人，这是包头第一家专营皮毛的商店。

咸丰五年（1855），包头成立生皮社和绒毛社，说明皮毛行业有所发展。

光绪年间包头皮毛业迅速发展。光绪元年（1875），包头镇大行改“公行”，皮毛店大义成经理董珍出任公行总领，标志皮毛行业在社会上的重要性大大提高。自1882年起，外商开始大量在蒙古各地收买羊皮毛。西北皮毛顺黄河直下包头，再经陆路运到丰镇、张家口等处，转运天津出口，包头成为西北皮毛输出的门户。

光绪十八年（1892），天津英商仁记洋行总行派员来包头，收购抓毛二三十万斤，由包头雇佣骆驼运往张家口，再转运天津口岸。

光绪十九年（1893），包头最大的一家皮毛店广恒西正式开业，牛邦良任经理，这是一家集经纪人、客栈、货栈三者合一的企业。每年营业收入6万两白银，头三年结账就盈利5万两白银。

光绪二十年（1894），新泰兴洋行的华账房天聚公（买办机构）派员来包头大量收购皮毛，运往京津或国外销售。随后在包头设立天长仁、天聚德、天泰合几家分号。

光绪末年，包头全镇有毛店20多家，其中广恒西每年的绒毛交易额达1 000万斤。有生皮庄十五六家，其余较大的是三义堂，有白银8 000两、店伙30余人。皮张、绒毛的来源除了包头周围的乌拉特东西中三公旗、茂明安、达尔罕、四子王、准格尔、达拉特、杭锦、乌审、鄂托克等旗，扩展到宁夏、青海、肃州、凉州、新疆和外蒙古等地。从包头运皮毛去张家口的“二饼子”

牛车达百辆以上。

1911 年，外国洋行在包头先后设庄经营的商号有 14 家，英商有怡和、慎昌、和平、聚立、成记、安利洋行，俄商有隆昌洋行，还有日商、德商的洋行，主要从事收购皮毛运销京津及国外的业务。

1915 年，“九行十六社”组成包头商会。其中皮毛行居“九行”之首，“十六社”当中的威镇社（白皮）、集义社（靴鞋）、义合社（黑皮）、毡毯社（毡毯房）四社是以皮毛为原料的。包头因有“皮毛一动，百业俱兴”的说法，皮毛业成为包头影响最大的行业。

1923 年，京绥铁路修至包头，包头皮毛交易进入全盛时期。皮毛店增至 50 家，生皮庄 30 家，皮毛类成交额达 1 000 万元以上。1925 年，进出包头的皮毛总值达 2 000 万元左右。1935 年，经包头输出驼毛、羊毛、绒毛 2 500 万斤，价值 2 800 万元；各种皮张 25 万张，价值 155 万元。两宗共计 2 955 万元，是包头皮毛交易最多的一年。

1923 年春至 1926 年，包头市面极为繁荣，大小商号 2 000 多家。其中国内商人在包头设立的毛栈大商号主要有广恒西、义同厚、广义恒、万豫生、广和公、双发公、天德源、长盛祥、天成恒等；外商在此设立收购皮毛的洋行主要有新泰兴、仁计、平和、隆昌、怡和、慎昌、聚立、永丰、德裕等，显然成了西北商业之大都会。这一繁荣的西北商业中心实由皮毛贸易构成。

延伸阅读

九行十六社，包头之“九行”，即皮毛行、杂货行、油粮行、钱行、当行、陆成行、牲畜行、蒙古行、货店行。九行由商会直接领导。九行并没有实在的组织，只是对包头商业中较大的九个行业的一种称呼，而九行中各行业大多都有自己的行会组织“社”，如钱行、当行为裕丰社，杂货行为恒山社，皮毛行有绒毛社、威镇社等。“十六社”，包括成衣社（缝纫）、威镇社（白皮）、集义社（靴鞋）、义合社（黑皮）、鲁班社（木匠、石匠、笼箩匠）、义仙社（染房）、合义社（客店）、清水社（糖房、粉房、豆腐豆芽房）、仙翁社（亦称公义仙翁社，小食品干货铺）、金炉社（铸匠、铁匠、铜匠、铜铺、刀剪铺）、毡毯社（毡毯房）、绘仙社（画匠）、仙翁合义社（亦称合义社，饭馆）、得胜社（汉民肉业）、净发社（亦称理发社）、恒山社（杂货业）等。社作为公行的下属机构，不仅具有行会的性质，约束本社成员，协调行业间关系，而且具有地方基层行政机构的功能。

三、包头的皮毛店

包头每年五月开始热闹。五月份起每天都有装满羊毛的平板船、牛皮筏子络绎不绝地从甘肃、兰州、西宁到来。阿拉善、后山、外蒙古运皮毛的骆驼队，一来就是几十峰。到旧历七月办的“盂兰会”的前几天，南海子码头停满了木船和皮筏子，上下排列长达十里左右，约有三四百只，其中三分之一都是装满皮的；包头的大街小巷，500多辆搞短途运输的骡马车出动，大多数拉的是皮毛。在皮毛收购旺季每天需要皮毛工人约1 000到1 500人。

包头的皮毛店根据业务范围可以分为三类：接待北路外蒙古等处客商的称北路店，如广恒西、广丰裕、广丰厚等；接待新疆、甘肃、青海等处客商的称西路店，如三义栈、大恒永、复兴隆等；还有一类叫顺德店，遍走伊克昭盟及宁夏、陕北等地收购皮毛，如同和泰、广兴西、惠远隆等。皮毛店的经营范围主要是代客保存货物，包装发运，办理税务及进城手续，垫付捐税脚费，介绍买卖双方进行交易，从中博取4%的佣金，买卖双方各付2%；招待住在店里的中外客商，协助寻找货源，鉴定质量，协调价格，促进双方交易。

皮毛店业务的核心是促成买卖交易，相对而言，卖客对皮毛店的依赖关

系更紧些。卖客主要有三种：一是西北地方的皮毛商，简称“西路客”；二是本地专门赴游牧地带贩货的皮毛商，称蒙古行或贩子，其中又根据业务地理范围分为“后山买卖”（蒙古行）和“河西买卖”（多为贩子）；三是本地的皮庄、毡子房、白皮房。大部分卖客都与皮毛店有较为固定的业务关系，尤其是前两类卖客，一般都是通过皮毛店办理进城、纳税、缴费等手续，由店方代为销售产品。

买客分为买毛客和买皮客，通称“东路客”。买客的业务不受皮毛店的约束，可以在市场上自由选择信誉好、购买方便的皮毛店进行交易。在货源比较充足的情况下，皮毛店的生意主要取决于能够招揽多少买客，因此皮毛店都会千方百计加强与买客之间的业务联系。一些大商号往往派专人到产品销售地与买方建立关系。

买卖行为一般要在皮毛店院内或库房完成。卖客将货物搬入皮毛店后，店方就设法招揽买主，如果感觉有成交可能，就约请买卖双方在皮毛店见面，同时带买客现场查看货物，这叫“看毛”；如果满意就商讨价格，这叫“讲价”；价格双方都能接受即可成交，后续工序是过秤、抖掉沙土、重新包装，这叫“作毛”。

皮货交易与兽毛交易的主要区别在于皮庄的介入。皮毛店卖客要出售的皮货，一般是先卖给有业务关系的皮庄。皮庄对皮张要进行一番整修，然后将皮货分类储存待售，从买进卖出的差价赚取利润。皮毛店又要向买客推荐皮庄的货物，经过看皮、讲价，最后成交。如果个别情况下买客的出价高于皮庄，或皮庄不能满足买客要求，卖客的皮货就由皮毛店直接介绍给买客，而无须经过皮庄倒手。

旧时包头城处处可见收售皮货的商铺

皮毛店与皮庄既有业务联系，又有性质上的差异。皮毛店完全是经纪行当，属中介机构，风险较小；而皮庄则是买进卖出的企业，属交易机构，要担较大风险。皮庄的重要性在于它可以收储各个种类的皮货，来满足市场多样化的需求。皮庄对皮毛店依赖较大，买入的 80% 以上依靠皮毛店，直接从小本皮贩子手里或其他上门者手里购入仅占少量，卖出部分依赖皮毛店的比例更高达 95% 以上。

西北、内外蒙古的皮毛货就是这样经过包头集散中转市场的运作，运销到东部地带，包括水路运销山西等地。

四、皮毛货物与交城

就山西需求市场而言，对皮货的需求比毛货要大得多。一是因为西北皮货种类繁多，尤其是野生动物的“细皮”，许多是山西本地不产或极少产的。特别是晋中盆地诸州县及太原一带，商家富户较多，对中高档细皮产品需求明显。二是皮袄、皮裤、皮褥、皮帽等御寒物品，是较为寒冷的山西北中部老百姓必需的衣着用品，市场需求量很大，山西本地的羊皮不能完全满足供应。更因为山西交城等地的皮革加工业较为发达，对皮张有特别需求。

运往山西交城制皮业的原材料有一部分是从甘肃、宁夏、内蒙古经粮油故道而来。

交城制皮业兴起于明末清初。据《中国实业志》记载:“全省硝皮业之发轫，以大同、交城两地最早。在明末清初之季，已有硝皮场之经营。”经过康乾嘉时期的发展，到光绪年间，交城县的制皮业“区域中心”的地位已经确立，并且成为“山西最大的皮货市场”。

据统计，在道光元年（1821），交城皮店仅有 18 家，到民国初年，交城皮店发展到 127 家，产品不仅畅销京津，而且远销日本、欧美等地，有“交皮甲天下”之誉。交城成为山西乃至西北部数省有名的毛皮集散地。据新修《交城县志》载：“每年秋季都有外商采办，住交争购滩皮件。”仅据光绪二十九年（1903）平定县槐树铺厘卡“买土货之报单”统计，仅英国六家洋行从光绪二十八年（1902）二月二十五日至二十九年（1903）三月四日，一年多时间从交城购买的皮货运往天津者计有:生熟羊皮 38 162 张、皮制袍褂等 687 件，数量惊人。当然，这仅仅是交城皮货出售给外国商行的一部分，除了英记洋行外，还应当有其他国家的洋行；交城的皮制品也绝不仅仅出售给外国洋行，本国本省市场的销量也不会少。整个交城制皮业127家皮店，一年所需羊皮达数十万张。据一份统计资料讲，交城每年鞣制“滩二毛”60多万张。值得一提的是，光绪年间，交城每年还要向朝廷进贡羊羔皮1 000张，据说李鸿章的貂帽以及后来直系军阀孙传芳母亲的寿衾都出自交城。

每年如此大的用皮量，交城及其附近县乡是难以满足的。因此，交城的皮商便远走晋西北及大西北广为收购。光绪年间，陕西定边县熟羊皮“陆运山西交城、大同售于洋商，岁出三万余张”。光绪二十二年（1896）四月二十八日山西巡抚胡聘之的奏折称：“今之皮毛诸货产自口外者通行海内，晋省腹地亦间有之。”同样在光绪年间，保德州“唯羊皮一宗有直隶顺德府及本省交城县人来东关收买，每岁运销二千五六百张”。据民国年间《山西省各县物产调查表》统计，方山县每年产羊三万余只，输出两万只，行销离石、交城等地；临县每年产羊约六七万只，年输出四五万只，行销陕北及交城一带。《河曲县志》记载：“河曲民国二十二年，输出羊皮一万四千四百张。”此外，各家皮坊为购得上等皮货，每年秋末冬初，即派人携银远赴陕、甘、宁等地采购，而且各家字号均有较为固定的当地收购人员。字号派的人一到，当地收购人员便纷纷出动，到民间、牧场收购，字号人员则坐地验收集结。收购完毕，从水陆两路运回。

延伸阅读

皮毛，是皮货与毛货的总称，二者虽然同源，但用途与市场需求是很不相同的。毛货主要用于纺织和毡制品加工。皮货用途较广，可以用来制作皮衣、皮裤、皮帽、皮围、皮鞋、皮袜、皮手套、皮褥、皮垫、皮箱、皮包、皮绳、皮胶等许多用品。

皮制钉鞋

皮货铺

第六章

河口兴衰变迁

河口，是黄河上中游的分界点。

河口往上，地阔河平，水面宽广，行船较易；河口往下，黄河渐渐进入峡谷，走向随之转为南北，左带吕梁，右襟陕北，深涧腾蛟，浊浪排空。唯河口一段，水流平缓，黄河仿佛选中这里略作小憩，蓄势待发。

河口所在，便是大河套平原的土默川了。

土默川，即土默特平原，也叫敕勒川，"天苍苍，野茫茫，风吹草低见牛羊"的那个敕勒川。赵武灵王曾在此放牧军马，胡服骑射；昭君出塞，在此与呼韩邪单于结为夫妻，而使边地"三世无犬吠之警，黎庶无干戈之役"；明清时因为蒙古族土默特部在此驻牧，遂名土默川，伟大的阿勒坦汗和他美丽坚忍的妻子在此写下了自己的辉煌，清朝在此精心经营，成为晋蒙粮油故道兴起的原因。

河口的故事已成为历史。青山依旧在，几度夕阳红。

第一节 风云土默特

俗话说，分久必合，合久必分。分有分的缘由，合有合的特点。中国的统一，总是北方统一南方。三国由晋统一，南北朝由隋统一，五代十国由宋统一，宋金对峙由元统一。一直到明朝，这种情况才有了改变。

1368 年，朱元璋的大军把元帝逐出北京，元朝灭亡，明朝一统天下，实现了历史上首次由南方统一北方的壮举。

辉煌一时的蒙古政权退回漠北。直到清朝入主中原，中国北方历史舞台上，真正扮演主角的是土默特蒙古人。土默特首领阿勒坦汗及其妻三娘子，在这片广袤的土地上纵横捭阖，写下了杰出的篇章。

关键词：阿勒坦汗　三娘子　库库和屯

一、阿勒坦汗

蒙古族退至塞外，与明廷以各种各样的方式对峙与争斗。到了明宪宗成化末年，东部蒙古族势力再次兴起，达延汗完成了大漠南北蒙古三大部分的基本统一，然后和平分封了诸子的势力范围，这就是后世蒙古各部落分立的起源。

嘉靖二十二年（1543）达延汗死后，其三子阿勒坦汗势力日盛，成为蒙古族中最有影响的人物。

阿勒坦汗（1507—1582），是成吉思汗黄金家族后裔，达延汗孙，世袭土默特部。阿勒坦也写作阿拉坦，是“金子”的意思。

阿勒坦汗骁勇善战，一生对外进行过 45 次大战役，多次进入山西、河北，一度围困北京，平定了漠南蒙古各部。他的势力范围东起辽东，西至青海、新疆。蒙古人尊称他为“圣狮”。

但对我们的粮油故道而言，阿勒坦汗的功绩更在于，他以顽强的毅力和无比的诚意，促成了与明廷的互市；重建了蒙藏关系，确立了黄教的地位，

位于呼和浩特大召广场上的阿勒坦汗塑像

达成了对蒙藏的精神统治；大力发展农业，使土默川地丰粮饶，为清时大规模农业开垦以及商道的兴起奠定了基础。

这个阿勒坦汗，就是现在中学历史课本里讲的那个俺答汗。

说起蒙古土默特与明朝实现和平相处、边境达成互市的过程，真可谓一波三折，极费周章。它耗费了明蒙几十年的光阴。

蒙古地区基本是游牧经济，物资匮乏，用畜牧产品换取中原的农产品和手工业产品是他们的生活必需。这种交换往来即所谓互市。互市在明朝一度很顺畅。但到达延汗后期，蒙古各部时常南下抢掠，明廷便决定中止交流。阿勒坦汗成为领袖后，自 1541 年至 1547 年间，先后

延伸阅读

互市，有官市和民市之分。官市是蒙古族各部落同明朝官府之间的贸易。因蒙古族各部主要是以马匹同官府进行贸易，所以官市又习称马市。民市则是长城内外百姓之间定时在指定地点进行的私人之间的贸易。

向明王朝派遣使臣几十次，表示愿意臣服明廷，要求明廷赐予封爵，同意每年向明廷进贡，只为在长城关口恢复互市。当时整个河套都是阿勒坦汗的势力范围，蒙古兵东压大同，南控榆林固原，西面则虎视宁夏。以此形势之优，而愿行臣服之礼，此时想见，亦不可不叹其意诚。但明廷不同意。阿勒坦汗的多次恳求均被嘉靖皇帝和首辅严嵩以“寇情多诈”为由拒绝。阿勒坦汗的使节一次次带回的都是令人沮丧的消息。

阿勒坦汗发怒了。嘉靖二十九年（1550）六月，阿勒坦汗集合十余万蒙古骑兵南下，八月二十日，经通州西犯京城，在北京郊区大肆杀掠。而京城却城门紧闭，哪管百姓走投无路，哭号震天。阿勒坦汗的部队围困京城三天，在城外抢掠大量财物、牲畜及人口。于二十三日从古北口原路退回，一同还押走了大批男女、牲畜和金银财宝。这就是历史上有名的“庚戌之变”。

谁也没料到，阿勒坦汗退回河套地区的第二年，又再次表示归附之意，请求与明通贡互市。精诚所至，这次，嘉靖皇帝终于开门了——在边境上开了几处马市。不久阿勒坦汗又“为民请命”，说蒙古族富人能以马易帛，而穷人没有马，希望能以牛羊交换粮食。这要求很合理，可嘉靖不同意。阿勒坦汗生气了，又兴兵骚扰。嘉靖皇帝又停止了马市贸易。于是又打。就这样 20 多年间，阿勒坦汗与明廷长期处于武装对峙。双方损兵折将，百姓流离失所，尸骨遍野，一派荒凉。

晋商之后明代重臣张四维

张四维（1526—1585），山西永济人，明嘉靖、万历时期著名重臣。他出身盐商世家，其父张允龄，外出经商西至甘肃的兰州、张掖、酒泉，南达安徽、江苏、浙江，并溯长江往来于两湖及四川之间，经商足迹遍布天下，“累资数十百万”，是明代晋商家族著名的代表人物。张四维在父亲的教育下，自幼饱读诗书，熟知边境贸易事务。入仕后对边疆的稳定及贸易繁荣，作出了重要贡献，官至吏部尚书、内阁大学士。

◎ 呼和浩特大召

16 世纪阿勒坦汗将藏传佛教之黄教（喇嘛教）从青藏高原引向蒙古草原并使其在归化扎下根后，藏传佛教的势力就在整个蒙古草原迅速地扩展开了。以归化为中心包括内外蒙古以及俄罗斯的贝加尔湖以北地区，全都是喇嘛教的势力范围。阿勒坦汗及其后继者在呼和浩特修建了不少喇嘛召庙。明清两代时，呼市城内外大大小小的佛教庙宇多得难以计数。民间有七大召、八小召、七十二个免名召之说，成为远近闻名的“召城”。召在蒙古语里是“寺庙”的意思。

戏剧性的变化出现了。隆庆四年（1570）冬，阿勒坦汗的一桩家务事居然成了蒙明双方谈和的转机。

阿勒坦汗有个孙子叫把汉那吉，这孩子自幼丧父，由奶奶，即阿勒坦汗的妻子抚养成人。把汉那吉长大后自聘了兔扯金的女儿，这位姑娘却被阿勒坦汗许给了另一个部落首领袄儿都司。把汉那吉气不择路，跑到大同镇投明。这个机会被当时大同镇总督王崇古紧紧抓住了。

王崇古是晋南蒲州人，是当时内阁大臣张四维的外甥。王的父亲、伯父和长兄都是巨商，张家也是富商。这样的家庭出身，使得王对世事见解通达。王崇古奏请朝廷“封俺答，定朝贡，通互市”，而当时明廷主政的是内阁大学士高拱、张居正，还有张四维。于是朝廷下令，优待把汉那吉，并提出用投靠阿勒坦汗的汉人赵全等作为交换。阿勒坦汗保全了孙子，大喜过望，明廷的条件全部答应，还不失时机地又一次提出通贡互市的要求，这次，明廷彻底答应了。

隆庆五年（1571）三月二十八日，隆庆皇帝下诏封阿勒坦汗为顺义王，其子弟亦各封官职，并批准了通贡互市，从宣府到甘肃一线向蒙古开放11处马市。阿勒坦汗向部属宣布了13条和平条款，表示与明朝世世友好，永不相犯。此事史称“阿勒坦汗封贡”。自此明蒙边境数十年相安无事，百姓得以安居乐业。阿勒坦汗功莫大焉。

阿勒坦汗还重建了蒙藏关系。在阿勒坦汗的极力推崇之下,黄教进入蒙古和西藏,成为“皇教”。

元朝时，西藏萨迦派佛教首领八思巴担任帝师，代表元朝管理西藏。元亡后，蒙藏联系基本中断。15世纪初，藏传佛教最大的宗派格鲁派，也就是通称的黄教诞生了。但黄教受到红教的排挤。为了获得强有力的支持，16世纪中期,黄教的三世达赖索南嘉措赴青海传教。此时,蒙古最强大部落土默特部的阿勒坦汗正经略青海，以青海湖为中心的广袤草原已成为蒙古的新牧场。

三世达赖立即前去拜谒，二人相见甚欢。本来阿勒坦汗信奉萨满教，可在与三世达赖会晤后阿勒坦汗做了个梦：梦到自己是忽必烈——这个梦让阿勒坦汗觉得自己是忽必烈转世，那么不尊奉格鲁派，就是不尊重祖先，就会影响到自己的霸业。于是，蒙古正式接受了格鲁派藏传佛教。阿勒坦汗赠给索南嘉措“圣识一切瓦齐尔达喇达赖喇嘛”称号，索南嘉措得到了达赖

延伸阅读

萨满教：古代活动在阴山一带的游牧民族普遍的信仰。所谓“萨满”，意思是“激动、不安和疯狂的人”。信仰萨满教的人信奉万物有灵论，认为在现实世界之外，存在着一个神灵世界，而这个神灵世界是现实世界的主宰。

圣识一切瓦齐尔达喇达赖喇嘛：“圣”即超凡之人；“识一切”是藏传佛教对在显宗方面取得最高成就的僧人的尊称；“瓦齐尔达喇”是梵文，意为“执金刚”，也是藏传佛教对在密宗方面取得最高成就的僧人的尊称；“达赖”是蒙语大海之意；“喇嘛”是藏语上师之意。

喇嘛的称号，又向上追认了两世，自称三世达赖。索南嘉措赠给阿勒坦汗“咱克喇瓦尔第彻辰汗”称号，黄教随之进入蒙古高原。蒙藏关系在新的历史条件下重新建立起来了。

1602 年，阿勒坦汗之孙、四世达赖喇嘛云丹嘉措在数千名盔明甲亮的蒙古骑兵的护送下进入西藏，黄教从此入主蒙古和西藏的寺庙，成为“皇教”，这种格局一直延续到后来的清朝政府。

共同的信仰缓和了人种、种族和民族矛盾，成为民族团结巨大的凝聚力、黏合剂。这种巨大的力量为清统治者所利用，也为精明的商人们所利用。召庙修缮、庆典，商人们必定要出席助兴，少不了慷慨解囊捐资捐物；商号开张或别的喜庆，喇嘛们都要到场为其诵经作法办道场；僧人甚至活佛亲自出面帮助商人做生意的也不鲜见。喀尔喀草原上的活佛雅克格森是归化商号“天义德”的股东，这是非常公开的事情。

延伸阅读

“咱克喇瓦尔第彻辰汗”：“咱克喇瓦尔第”是梵文，意为“转轮王”；“彻辰汗”是蒙古语，意为“聪明睿智之汗王”。

二、三娘子

英雄阿勒坦汗的身边，有一位美貌绝伦、文武兼备的巾帼英雄。当阿勒坦汗与三世达赖在青海仰华寺会商大事之时，她坐在一旁；当阿勒坦汗修建呼和浩特之时，她陪在一旁；当阿勒坦汗兴致勃勃地走进互市的人群中去时，她

如影随形；当阿勒坦汗逝世，她冷静地接过了他未竟的事业，坚定地执行他的政策，继续统治蒙古草原30余年，让这一时期的蒙古成为历史上最和平的年代。

她就是阿勒坦汗的妻子，世称三娘子的钟金。

三娘子

三娘子（1550—1612），史称“钟金哈屯”、“也儿克兔哈屯”、“克兔哈屯”等，明代蒙古奇喇古特部落首领的女儿。阿勒坦汗征漠西时她被俘，被阿勒坦汗的女儿抚养，这样，钟金就成了阿勒坦汗名义上的外孙女。

本来，阿勒坦汗已答应将钟金嫁与袄儿都司，可是钟金太美丽了，阿勒坦汗英雄气短，自己娶了她。袄儿都司大怒，要带领本部人马围攻抢人，阿勒坦汗为平息事端，就把自己孙儿把汉那吉的妻子嫁给了袄儿都司，于是惹出另一段公案，而居然因祸得福，促成了与明廷的和平互市。

万历九年（1581）十月，75岁的阿勒坦汗去世，应由其长子黄台吉继承王位。按蒙古传统习俗，黄台吉必须和三娘子结婚（收继婚），方能继位。然而阿勒坦汗在世时，黄台吉嫉妒三娘子受宠，二人关系本就僵持，于是三娘子不愿成婚,率众西走。明廷深恐黄台吉无力统驭各部，便竭力劝说三娘子与黄台吉成婚。识大体的三娘子只得成了第二代顺义王夫人。由于黄台吉年老多病，而且在位仅四年便死了，所以实权仍掌握在三娘子手里。黄台吉死后，其长子扯力克准备继承王位，但不愿娶三娘子；三娘子手

延伸阅读

收继婚：在古代北方游牧民族中，长期流传着“收继婚”的习俗。在阴山南北活跃了300多年的匈奴人就实行这一习俗。所谓收继婚，用白话说，就是父亲死了，儿子就以其继母为妻；兄弟间也是如此。

里拿着顺义王印与兵符，也不愿交出，想传给自己的亲生儿子。于是朝廷又出面，先对扯力克来硬的，说不娶三娘子就不封他顺义王；又对三娘子来软的，晓以大义，劝说三娘子交出权印。于是，扯力克又娶了三娘子，袭封顺义王。万历三十九年（1611），第四代顺义王袭封王位之前，三娘子逝去。原阿勒坦汗统治地区分裂成许多小的独立领地。万历四十四年（1616），女真族杰出领袖努尔哈赤统一了女真族各部之后，在赫图阿拉（今辽宁新宾西）即汗位，建立金国。这以后，分散的蒙古族各部便相继臣服于努尔哈赤了。

三、土默特的板升农业

在“阿勒坦汗封贡”之前，阿勒坦汗和他的属民是如何生活的呢？——拿现在的话说，可以戏称为“引进技术，引进人才，发展农业，自给自足”。

人才来源形形色色：穷困的晋、陕等地的农民、城市贫民和手工业者，还有农民起义者、白莲教徒等明王朝通缉的犯人等等。阿勒坦汗来者不拒，赐给帐幕、牛羊和耕畜，奖励他们努力从事农业生产。1551 年至 1570 年间，土默特地区的汉族人口大约有 5 万人。确立互市关系以后，汉族人口更是大量涌入，到 16 世纪末时，仅土默特地区就约有汉人 10 万左右。开垦了万顷良田，不仅保证吃饱，手工业、商业也有了一定的发展，生活日用大都能够自行生产，不全是依赖长城以内的供给。

迁入的汉人建立村舍（蒙古语称作“板升”）定居，板升大量出现，形成“村连数百”、“开良田千顷”的繁荣局面。当时的一首《塞上谣》这样描写道：“人言塞上苦，侬言塞上乐……时雨既降沙草肥，丁男释甲操锄犁……筚门鸡犬皆相依。”后来人们通常将土默特地区的农业生产叫做板升农业。

由于定居村落的大发展，阿勒坦汗决定模仿失去的大都（元代

归绥旧城

的都城，即现在的北京）修建新的城市，修筑更大的“板升城”，作为土默特部政治、经济、文化的中心。万历三年（1575），新城建成，城墙用青砖砌成，远望一片青色，被亲切地称作“库库和屯”（即呼和浩特，蒙古语意为“青色的城”），“青城”之称由此而来。

到清代康熙皇帝到土默特部视察的时候，居然发现好多蒙民都习汉俗，筑屋定居，聚村成镇，城郭俨然，有的蒙民干脆放弃牧业转而从事农业，种植的作物与口里汉民别无二致。

“库库和屯”明王朝赐名“归化”，即后来归绥旧城。

第二节 河口兴衰

阿勒坦汗的雄才大略，把个土默特搞得好不兴旺。清初统治者在此基础上进一步开发，不仅使此地丰衣足食，更有余粮接济晋省。可以说，没有土默特的开发，就没有晋蒙粮油故道。

土默特蒙粮济晋的通道，就是河口。

关键词：曾经唯一 多业并举 落花无奈

一、商道前期上游最重要的货物转运口岸

河口位于土默特平原黑河汇入黄河的入口处，水陆交通相当便利，一直以来是粮油故道上至关重要的货物转运口岸，尤其在商路的早期与中期。它是土默特平原的粮油水路运销山西唯一的码头；乾嘉时期是官方设立的蒙盐运销口岸；进入道光年间以后这里又是最主要的甘草外运码头；后套平原开发以来水路运销山西的粮油也要经过河口；绥西、宁夏、甘肃以及西北其他地区的皮毛、中草药材，大凡水路而来都要在河口集散转运；此外，下游晋西北河曲、保德等地之煤炭、粗瓷、大枣等特产也逆流运到河口交易。即使在商路晚期，另一大口岸包头南海子崛起后，河口的地位虽然逐渐下降，但作为水旱码头的重要性依然存在。

河口在历史上就曾经是水运要津。其黄河水运可考的记载是从公元 12 世纪开始的。辽金时期这里就是货物集散转运之地。元代，宁夏农业得到开发，黄河漕运兴起，宁夏的粮食通过黄河水运至中游地区，济军需、赈灾区、供移民，大宗储运史不绝书。商贩运输也随之兴起，官商船舶之往来都以河口为集散转运之地。明朝建立后，丰州滩（今呼和浩特一带）成为明蒙双方交战之前方，水运虽一度受到影响，但没有完全中断，河口仍不失为一个小商镇。清代初年，康熙皇帝因出兵平定准噶尔部，曾亲临“湖滩河朔”（即河口、托克托城一带）。

清代前期河口成为蒙粮水路外运的唯一码头。随着土默特平原农业垦殖的日益扩大，当地渐渐有余粮可以向外输出。山西北部向来缺粮，蒙粮济晋势所必然。晋北长城沿线固然可以通过陆路运输，但要运往吕梁、晋中一带，黄河水运便是第一选择。而河口正是归化土默特粮米水路外运的最佳中转上货码头。

河口是蒙盐运销晋绥的必经口岸。归绥、晋西北、晋中诸州县以食土盐为主，一向需蒙盐接济。乾隆元年（1736），承山西巡抚石麟奏准，清廷允许在河口村积储食盐，然后由陆路外运行销。在乾隆二十二年（1757），河东盐池借买吉兰泰盐，拉开吉盐水运山西的大幕。乾隆二十八年（1763），准许岢岚等十一州县的盐商赴口外采买吉盐，至嘉庆十七年（1812）停止水运，吉兰泰盐畅销山西半个多世纪。其间，乾隆二十五年（1760），托克托由协理通判擢升为理事厅，河口水路转运地位更重一筹。嘉庆十二年（1807），河口由“村”正式升格为“镇”，并设盐务大使等管理机构和官员，河口成为与磴口并重的盐务口岸，所有磴口发运而来的吉盐都要在河口查验，然后再水陆分运各吉盐引地。陆路主要运销归化城厅、萨拉齐厅、托克托厅、清水河厅、宁远厅、丰镇厅以及大同、朔州二府所属其他州县，水路则沿黄河下运偏关、河曲、保德、兴县、临县碛口等码头，每年运销量以数百船计。但是，嘉庆十七年（1812）之后吉盐水运被禁，只准陆运，河口盐运地位自然下降。在清末民初吉盐水运开禁后，河口作为盐运口岸的重要性已远不如前，取而代之的是新型商贸重镇包头。

河口还是重要的碱业中心。清中期以后河口盐业萎缩，但碱业依然持续。鄂托克、杭锦等地的成品碱大都通过河口水路外销，河口本身也有几家熬制碱块的作坊，内蒙古地区的碱经河口而远销山西中南部。

河口是内蒙古最重要的甘草中转集运码头。作为粮油故道上六大商品之一的甘草，其产、运、销数量相当大。内蒙古中西部甘草产地主要分布在黄河两岸，甘草销路十分广泛，直接销售地域除山西、河北、河南之外，东部远及北京、天津，南部达于湖北汉口，分水陆两路外运。水路沿黄河下运，直抵陕西潼关、河南禹州，再转运汉口，也有部分在山西境内码头上岸，转行旱路至晋中、太原、祁州（今河北邢台）；陆路主要运输线是归化、大同、张家口、宣化、北京、天津。走水路毫无疑问河口是必经之处，走旱路河口是最佳起点。甘草主要产地均在河口、归化以西，草场商号先将收购起来的甘草运到较近的黄河渡口，装船东运。河口是上岸陆运的最理想停靠站，至归化城仅 80 公里，是距归化城最近的黄河口岸，所以理所当然成为甘草外运中转枢纽。河口甘草码头的地位确立于道光元年（1821），直到京绥铁路通往包头（1923），一个世纪以来河口一直是最重要的甘草码头，尽管一度因河口被淹这一地位受到过削弱。

掏草、做草、销草的商人在河口设立商号，外地经营甘草买卖的商人云集河口，河口成为名副其实的中国最大的甘草运销市场。在此期间，山西甘草商发挥了重要的作用。河口第一家甘草字号“晋益恒”草店就是山西保德州的马家所开，其后续字号“荣升昌”一直存在到民国十四年（1925），是河口也是绥远地区存在时间最长的甘草商号。光绪年间至民国早期甘草业渐渐走向鼎盛，在河口镇先后开设的草店有“庆和成”、“信成”、“日生”、“公义昌”、“庆记”、“裕隆”和“集义昌”7 家。甘草生意最旺盛的时候，如《绥远通志稿》、《保德州乡土志》所称，“每年运售四五百万斤”，其中经黄河从保德码头“转运泗水、禹州 120 万斤”。京绥铁路延伸到包头后，由于铁路运输比水路、旱路运输效率高，所以西路来的甘草只要运到包头，大都不再经水路下运，转走铁路发往目的地。包头取代河口成为甘草新的集散中心，甘草商由河口镇转向了包头，河口甘草码头的使命渐渐终结。

河口还是后套、宁夏、甘肃运销内地的粮油、皮毛及其他货物的途径或中转码头。清代中期以后，随着河套平原的农业开垦，绥远地区外运的主要粮油之源由土默特转向后套，包头作为商贸中心日渐发展，成为后套粮油货物的集散运销之地。但是，由于河口地处包头下游，大凡东去的货物，不论河套的粮油，西北的皮毛、中草药，大都要进一步运抵河口，在河口再行水陆分流。陆路则主要转运到归化，水运则续运到山西沿黄河各口岸，河口的重要性依然不能忽视。

河口码头还是内地日用品逆流上运的中转码头。一方面是下游晋西北河

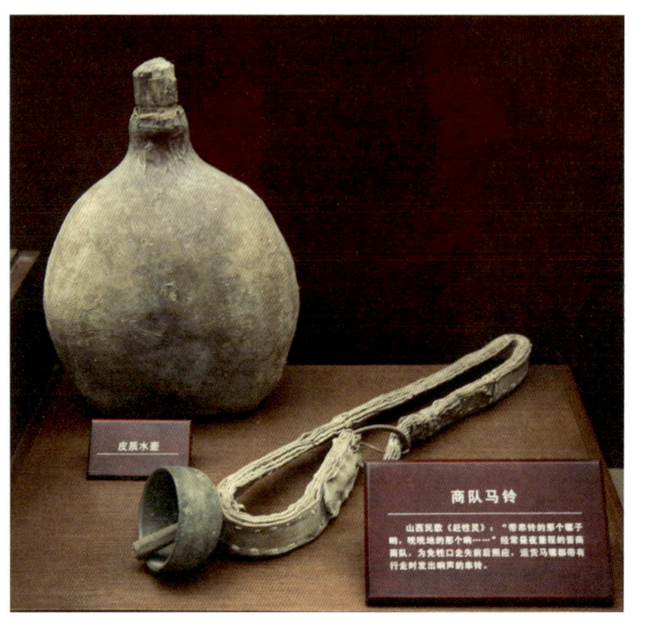

皮质水壶和商队马铃

曲、保德等地之商家，利用少量回程空船装运一些煤炭、陶瓷、农具、大枣等物品，由纤夫逆水拉船运抵河口，再转销绥包各地；另一方面是陆路来自归化方向的布匹、绸缎、烟、酒、茶等货物，率先运到河口后，除了部分在当地销售之外，其余则由水路溯黄河而上，运销包头、磴口、宁夏等上游地区。

正是由于河口得天独厚的地理位置，才能发挥上述各种功能，进而使河口长时间成为盛况仅次归绥的绥西第二商镇。恰如《绥远通志稿》所言："自乾隆以还，口外垦殖日广，民殷物阜，出境之油粮盐碱甘草各货，入境之日用杂货，山西与归绥往来之商运，凡经河路者，皆以托属河口为唯一之码头。其时包头草莱初辟，尚未形成市镇。故在五厅时期，归化城而外，以托河为第二商市。其市面繁荣所以远胜于他厅者，以居水路之冲要，为上下货物之总枢也。"

二、河口的兴衰

河口的命运与粮油故道紧紧相连。乾嘉时期源于吉盐囤积内运出现的繁荣，在道光年间因甘草运销而得以持续发展。道光十八年（1838），河口镇各船户组建禹王河路社，设总社长 2 人、办事员若干人，负责管理码头船只，收取管理费。河路社每年都要在镇中心的禹王庙前办会唱戏。但道光三十年（1850）秋，黄河在镇东南皮条沟决堤，全镇商店民房几乎悉被冲毁，仅留沿堤高处之房院数十所，财产损失数百万金，河口镇经此水患元气大伤。后经地方乡耆尽力恢复，河口渐渐再度走向繁荣。咸丰五年（1855），黄河在包头东铜瓦厢处决口，包头以东黄河断航，对河口商业影响显著。同治年间黄河复航，清廷曾令萨拉齐、托克托两厅赶造河船 100 只，以加强黄河运输。光绪年间，河口、托城及沿河村庄有船户 60 余家，木船近百条。

晋蒙粮油故道在光绪至民国早年走向鼎盛，河口商业也随之再度繁荣。

这一时期，河口商务流畅，市场甚为活跃，富商大贾纷纷来此投资，较著名的有：同光年间山西太谷侯少成投资双和店、祁县康永财投资惠德成、河口曹明德投资德顺元等。河口各种行业应有尽有，尤以甘草、银钱、粮油诸业最为发达。草行商店有公义长、荣升昌、庆和成、庆隆店等；钱行有义和永、德成厚、德和昌、复恒益等；粮油行有双和店、宝隆元、德义成、世兴店等，均为年代久远的老商号。最为发达的甘草行每年仅抽收交易佣金一项，就由早先的数万元增至数十万元。1911 年，河口商船达 200 余只，拥有河路工 1 000 多名。全镇有铺户 92 家，铺伙 2 823 人，居民 920 户 6 260 人。

当时，河口共有四条商业大街，以禹王庙为轴心，成“X ”形放射。西北方向为头道街，东南方向为三道街，东北方向为后街，西南方向为二道街，每街长 2 里许。大街两侧，商号店铺林立，内连宽敞大院。各街主要商号分布如下：

头道街有聚生泰等布匹杂货商 4 家，双和店等粮行 7 家，荣升昌等草店 2 家，油酒缸坊 2 家，鱼店 2 家，瓷厂、钱庄、绒毛店、玩具店、山货铺、碱行、造船、肉铺、药店、当铺、口袋房、阴阳铺各 1 家。

二道街有庆隆店等杂货商 4 家，山货铺、皮房各 2 家，享荣木店、惠德成粮店、复恒益钱庄、公义店草行、造船业、铁匠炉、木匠铺、瓷厂、糖坊、饭馆各 1 家。

三道街有广生茂等布匹杂货商 7 家，肉铺 3 家，药店、饭馆、粮店、铁匠炉各 2 家，糖坊、豆腐坊、缸坊、油坊、银匠铺、靴铺、制篓店、木材店、碱厂、干货铺各 1 家。此外，还有专门招待清廷钦使的朱府 1 座，木税厅（收税机关）1 座，正一坛、旅馆各 1 处。

后街有碱厂 2 家，车铺、粉坊、粮店、货栈、兽医站各 1 家。

河口是一个古老集镇，庙宇较多。北端有龙王庙（咸丰年间修建），镇中心有禹王庙，镇东有真武庙，南头有关帝庙、奶奶庙和五道庙，后街有财神庙（光绪十五年修建），沿堤有两个河神庙。龙王庙、禹王庙、关帝庙前均建有戏楼，每逢年节都要唱戏。

总而言之，河口水陆运输畅通，店铺商号众多，流通货物量大，买卖交易频繁，各行各业兴旺，文化生活丰富，是粮油故道上一个繁荣的口岸城镇。

但是，1915 年，卢占魁犯境，焚烧抢劫，河口多年的繁华备受摧残，银粮两行多数倒闭，仅有甘草业仍能勉强支持。1923 年，火车通达包头后，水运码头主要业务随之移到包头，河口各业呈现萧条状态。1937 年日寇占领，水运完全停止，河口商业进一步衰落。

第七章

河曲这个地方

提起黄河，能让人想起什么？

母亲河！这几乎是黄河的同义词。其实深究其里，并没多少诗意。它讲的是黄河冲积而成的平原区因适宜农耕而成为人类最早与普适的宜居地。

黄泛区！这是黄河的另一面。它的不羁与力量经常给“人定胜天”论者以嘲弄与讽刺。它教育人们有所敬畏，懂得顺生。

黄河纤夫！这是文学与艺术作品中黄河的主人公。苦难与美，是艺术永远的主题。

这是一个有趣的现象：很少有人从商业的角度来理解与描述黄河。上述种种，反映出一个农业大国的农业思维。这种思维和它所影响的生活方式，形成了中国的主流：平稳、中庸与某种程度的迟钝。

贪官和珅看到运河上熙来攘往，叹道无非一个“利”字，也许只是人生感悟，不能算成一种商业觉醒。

商人和他们的货物，在人们的意识里，从来没有成为黄河的主角。

而黄河，她其实多像一支点金的神笔。凡行经处，催生出大量的渡口与码头，繁荣了沿途的县城与小镇。人们因拓展而敏锐，因流动而开阔，因富足而包容，而焕发出勃勃生机。

河曲就是这么一个地方。

第一节　河与曲

河曲得名，两大原因：一是绘形，二是表意。

黄河在内蒙古的托克托县河口镇进入中游之后，一头扑进晋陕峡谷，绵长千里崖渚耸峙壁立千仞，却偏偏在河曲那里陡然撑开，视界顿时为之开阔。这条伟大的河流在河曲县拐了几道弯，绕出来好些个河湾、河滩与渡口，才又再迤逦向南。河曲其所以得名。

然而，在河曲附近的偏关县，在山西的永和县、芮城县等地方，黄河的大拐弯都不亚于河曲县，为什么那些地方都不叫“曲”呢?

河曲之第二个含义，是乐曲之曲——“二人台”，包括“二人台”民歌和“二人台”戏曲。

河曲是民歌的天下。在河曲，人人能歌会吟，个个即兴能编，二人台名震天下。

关键词：史长　位要　心敞　曲酸

一、千载河曲

河曲是个古老的地方。

河曲建制老。春秋时为晋国边地，汉及唐时属太原。河曲县的建制始于金时，明时又属太原府，清雍正二年（1724）改隶保德州，1914 年置道，属雁门道，1927 年达到它的“辉煌”——直属山西省。

河曲居民老。最早的“名人”，当属西汉刘邦之妃薄姬。相传薄姬震惊于君主宠妃戚氏被吕后做成“人彘”，遂带着后来成为汉文帝的儿子逃离宫廷，在河曲县城东北的一座小岛上隐居 18 年，此岛就被称为娘娘滩。

河曲饮食老。河曲嗜酸。酸米饭是河曲的主打饮食。酸米饭的米就是经过发酵变酸的糜，即“五谷”中的“稷”煮熟做成的。史料记载，在某个新石器时代遗址就埋有已经炭化的糜谷，由此可见其源远流长。可能正是因为此，人们给糜米前面冠之以“老”字，通称“老糜米”。

酸米饭也有由头。有说最早源于北宋。当时辽兵经常入侵，一次，老百

黄河古道娘娘滩

姓泡好了米，正要做饭，忽然兵至，老少出逃。几天后还家，舍不得丢掉浸泡发酵的老糜米，将就煮粥权且充饥。可是出人意料，做出的饭异香袭人，黄亮坚韧，酸甜可口。因此推而广之，延续至今。也有说源于明末李自成时代，百姓为迎接闯王备下了大量的米饭，谁知大军临时改变路线，剩下的米饭意外地成了美食。

在河曲，家家户户常年都摆放着一个黑色的瓷质浆米罐，里面盛着浆米汤（沤酸的乳白色汤，可用做出豆腐后留下的黄浆水发酵而成），就是用来泡糜米做酸米饭用的。每天早、午、晚浆三次米（把糜米泡在罐里），做成酸粥、酸捞饭、酸稀粥，大抵如是，久食不厌。

尤其在盛夏酷暑季节，山区农民到远地劳动时，总要带上酸捞饭和酸米汤作为野地午餐。他们吃饱喝足后，躺在维系着他们命运的黄土地上，面对高高的蓝天和辽阔的旷野，放声唱上几曲“二人台”，所有的忧愁烦闷都随风而去了。河曲歌手辈出，靓女如云，据说那非凡的歌喉和漂亮的容颜与吃酸饭喝酸米汤密切相关。

二、鸡鸣三省

河曲县城的标志性建筑，是位于城东大墩梁的状元塔，又叫文笔塔。日出时塔的倒影，可以直达黄河对面内蒙古的大口村。巧的是村口有一块巨石，就如一方大砚台，巨笔投影恰入其中。另一说，修建状元塔，是为了平衡地运的。清初河曲很穷，为了翻身，县吏乡绅请来了堪舆家。相传这位先生走遍了河曲大街小巷，走到日落黄昏时，踏上了大河堤坝。突然发现对岸内蒙古大口村，位于一条长沟沟口，就像一条黑龙，虎视眈眈，正在吸吮河曲的精气。大家决定在城头建塔镇妖。31 米高的状元塔，不久就直插云天。椽笔倒影，又如一条缚住黑龙的长索，越过黄河，镇在怪兽的头上，镇住妖气。说来也巧，河曲城在乾隆年建立了状元塔后，一年比一年兴旺，竟成了南来北往的晋商必经的水陆码头。驼帮满载着中亚、新疆、内蒙古的毛皮由此赴中原；马帮满载着南方的精绸茶叶，由此赴西北。小小的河曲县城，经常是客商云集货栈爆满。

传说并非完全无稽，最起码可从一个角度说明河曲与内蒙古、陕西相

文笔塔

距之近。据说站在河曲这边大叫一声，河对岸陕西或内蒙古的亲家就能听见过来吃酒。自河岸以西至十里长滩蒙古草地政务，一向由陕西办理，边民为了省事，往往就近赴河东诉于山西厅县，陕西省也常相推诿。乾隆四十八年（1783），清廷索性正式下文，将此地交由河曲代管。1918 年，该代管地正式划归河曲。

这一决策，客观上有助于河曲经济社会的进一步发展。河曲一带连年干旱少雨，但河套平原却是土肥水美，所以河曲人自唐以来，就已经走出西口，到河套平原去谋生，这一下更是大开方便之门。

《河曲县志》载，17 世纪后半叶，河曲县总人口为 12 万，到 1949 年，全县总人口只剩下 7.6 万人，他们都去哪儿了？其所到之处不外乎是内蒙古西部地区的伊盟（今鄂尔多斯）、包头、河套一带。耍手艺的匠人，如铁、木、毛、麻匠和生意人都进入城市，卖苦力的大都从事耕种、拉船、掏炭、搬运和其他苦力营生。光绪元年（1875）至 1940 年，在内蒙古定居的河曲人就有 10 多万人。就以固阳县红泥井乡为例，72 个自然村，几乎村村都有河曲人，最多的四份子村，河曲人竟占 80%。

走西口加强了三地交流。至道光年间，河曲已是一派繁荣景象。当时河曲籍名宦黄宅中在其《边墙考》一文中这样描述河曲："黄河来自口外，船筏运载，商贩流通。今之县治，当水陆通衢，十里长滩，牌外牌内，分界之地，市肆田庐，人烟辐辏，昔之边隅废址，今为乐土腴田。"

三、酸米饭喂酸曲

经济富足，商贾流通，文化精神需求自然成为生活的一种必需。陕西的秦腔、内蒙古的长调与河曲"二人台"交相辉映，相辅相成。

"二人台"产于河曲县，河曲人认为是板上钉钉的事实。"二人台"的起源，据有关资料说，最早可溯源到五代、宋初民间的"舞鞭"（又称

> **延伸阅读**
>
> "二人台"：剧目有一百多出。其中最著名的有《走西口》、《探病》、《挂红灯》、《打金钱》、《栽果树》、《掏炭》等等。这些名曲，多以歌颂黄河儿女爱情生活为主，有浓郁的地方特色和黄河风情。

“霸王鞭”），是一种边舞边唱的武术表演形式。明清时，河曲县黄河沿岸的村庄普遍盛行“打坐腔”，即在水旱码头、院落村头、场面地头、节日庙会等场所打地摊演出，并配以笛子、二胡等乐器伴奏。之后，“打坐腔”逐渐融入社火、玩意儿、秧歌、道情、八音会等民间艺术，使“二人台”艺术愈加成熟、丰满，一丑一旦，亦歌亦舞，精悍活泼。至清代中期，“二人台”已形成当地独具特色的艺术，并于晚清有了代表性的剧目《走西口》。

晋北二人台剧照

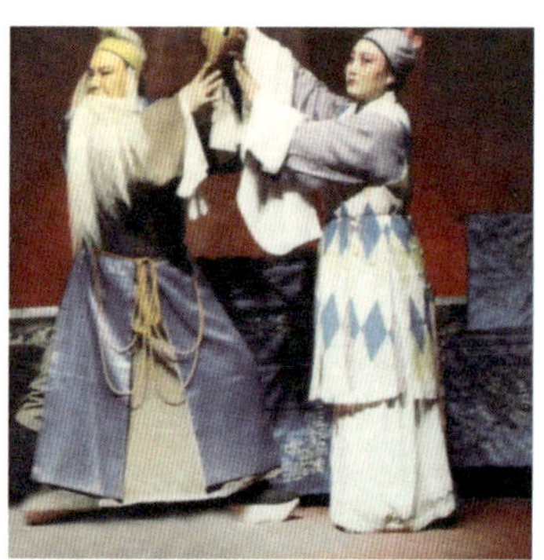
晋北道情剧照

除二人台之外，河曲还有更随性的山歌。方志中说河曲在明代就是“户有弦歌新治谱，儿童妇老尽歌讴”。

在河曲这块土地上，小至几岁的娃娃，大至龙钟年迈的老人，男男女女，年年岁岁，无时不在娓娓歌唱。他们干啥唱啥，想啥唱啥，歌词信口而出。

白天不凉黑夜凉呀，

那是我那二妹妹少穿了衣裳。

白天不凉黑夜凉呀，

我给我那二妹妹扯了一件花格衣裳……

秉承酸米饭之“酸”，有的很大胆、很直露、很“酸”，甚至是“酸得掉牙”，酸曲儿加酸米饭，造就了河曲歌手非凡的歌喉。

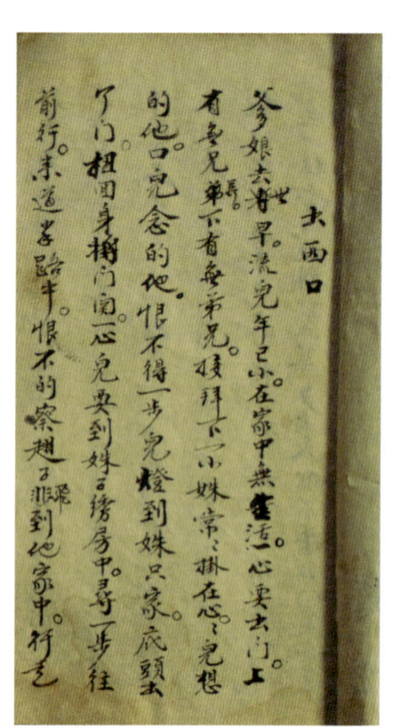
出西口

爹娘去世早。流儿年已小。在家中无生活。心要去门。上有兄长。下有无弟兄。接拜下一小妹常常挂在心。儿想的他。口儿念的他。恨不得一步儿蹬到妹只家。底头出了门。相回身搁门闭。一心儿要到妹子绣房中。寻一步往前行。来道半路。恨不的察翅子飞到他家中。行走

赵姓晋商《杂录稿》手抄唱本“出西口”

“山城庙会流水板整日不息，城镇戏场二人台至晚尤唱。”古时河曲城好戏连台的繁荣局面，至今让后人津津乐道。

酸米饭和“二人台”小戏一起构成了河曲文化的“县粹”。

第二节　码　头

在两岸壁立、河水奔腾的晋陕大峡谷，黄河河曲一段却开阔而平静，且河岸漫长，河滩广大，具备了成为水旱大码头十分难得的地理条件。

关键词：兵营商渡　君子码头　船筏制造

一、河保营

河曲县是黄河流经山西的第二个县，河曲城则是黄河在山西境内的第一个重要口岸。水陆货物在河曲码头上岸或下船，再行转运。

河曲城是与粮油故道一同成长的。河曲城的前身是河保营，修建于明代宣德年间，周围 550 步，设东西二门，主要用于屯兵守边。河曲县治原设于河曲营，在今河曲城东南约 35 公里处（人称旧县）。进入清代后，由于蒙古地区归顺，黄河两岸、长城内外归于和平，位于黄河岸边的河保营军事重要性地位下降，经济交流方面的优势显露。据乾隆二十九年（1764）《移驻县治碑记》，“康熙三十六年（1697），圣祖仁皇帝特允鄂尔多斯之请，以故河保营得与蒙古交易，又准河民垦蒙古地，岁与租籽。盖自人烟稠密，商贾辐辏，于斯为盛焉。前护府宋，于乾隆二十七年（1762），以河保营云集交衢之地，五方杂处，兵民繁错，烟户十倍旧城，爰奏请移驻，以资弹压。奉旨俞允”。这段史料说的是，随着内蒙古中部的开放与开发，河曲与蒙古的经济关系逐渐加强，先是河保营可以与内蒙古交易物品，后又准许河曲人民赴口外垦种，加上粮油故道的兴起，河保营由此逐渐走向繁荣。到乾隆朝前期，河保营已经得到较大发展，本地居民及外地商人云集，人口是当时县治河曲营的十倍之多。出于有效治理考虑，清廷允准河曲县治由旧城迁移河保营。

到了道光、同治年间，河曲已是一派“乐土腴田”。

光绪至民国初年是河曲城最繁荣的时期。水陆货物中转频繁，为经商带来许多机遇，省内外商人不仅在河曲行商，也纷纷在河曲开设商号坐地经营。其中影响最大者当数光绪十六年（1890）神池宫氏来河曲开设的十座商号，名曰“十大成”。城内八条大街店铺林立，据民国十年（1921）地方商会统计：除174家糖、粉、豆腐、酱坊、炮铺各手工艺铺和肩挑摊贩外，仅油酒坊、货铺、旅馆三行即有195家，其中粮店20家、油坊48座、酒坊40座、金银及杂货9家、当铺10家、布匹杂货31家、盐业5家、药材6家。

行文至此，还要加一段题外话：凡第一次来河曲的商人，总会因一道鲤鱼美食极品——黄河石花鲤鱼大大惊喜。沿黄河南来北往的商人见多识广，多以郑州豫香楼的黄河大鲤鱼津津乐道。但他们万万没想到，在河曲这个小地方，竟有天下黄河任何一处都无法望其项背的珍品鲤鱼。黄河石花鲤鱼赤眼金鳞，脊梁上有一条红线，肉雪白，个大体重，独产在河曲西南方向的天桥峡中。每年解冻开河时方可捕到，所以叫“开河鱼”，数量极少，成为鲤鱼中的极品。那些吃过郑州、济南鲤鱼宴的巨商，品尝到石花鲤鱼后，无不感叹：黄河美食出河曲。

二、水西门

在两岸壁立、河水奔腾的晋陕大峡谷，黄河河曲一段却开阔而平静，且河岸漫长，河滩广大，使河曲成为晋西北最大的水陆码头。码头所在，就是水西门渡口。

水西门渡口就是现在河曲的西口古渡。位于河曲县城水西门和内长城之外，黄河东岸之上。沿岸巨石垒砌，顺河而下百余米长。河面宽约三里，河对面往右是内蒙古准格尔旗大口渡，往左是陕西省府谷县的大汕渡。

水西门渡口也是很有些来历的。此地在汉时称作君子津，津是渡口的意思。县志载，汉桓帝时有大商人携带大量资金过此，不料意外病故在这里，津长埋之。商人之子寻父至此，津长把代管的金银全部交还给他。这件事上达天听，帝闻之曰，君子也。后来就把这渡口叫作“君子津”了。隋唐一直沿用。宋庆历间曾设榷场，直接与契丹、辽、夏进行通商贸易活动，极为繁华。

西口古渡

金大定间东胜州在此设宣差，总管鹰坊打捕渡河船只河道等事务。至清康熙准予故河保营与内蒙古交易，又准河民垦内蒙古地以后，经济贸易更为频繁。同治年间河曲县志记载：“……多在口外贸易，贩运各物俱起载于水西门，是水西门又为货物辐辏之区，商旅往来之地，舍船登陆，适当其冲。”南来的茶、布、水烟、糖，北来的肉、油、皮毛、食盐、粮，这些南下、北上、东来、西去的货物都要在水西门外完成装卸，商贾辐辏，渡船云集。

当其时，黄河上游归绥、河套、阿拉善乃至宁夏、甘肃一带的粮油、畜类、皮毛、盐碱，凡下运山西者，都要通过船筏先行运到此地，再进行分流。过境货物继续南运，到岸货物则在西门外码头上岸，一部分在县城消费，其余部分通过旱路“高脚”运往河曲腹地及晋西北诸县乃至忻州、太原等地。另一方面，“高脚”又从内地运回布匹、绸缎、棉花、成衣、茶叶、水烟、糖、酱、调味品、铁器等，除本地消费外，转以船舶溯黄河运往内蒙古，本地特产如药材、黄油、果丹皮、粉面等装船南运。有诗赞曰：“隔岸童山无绿树，出城官渡是黄河。一年似水流莺啭，百货如云瘦马驼。”充分说明了这个水旱大码头货物运输交易的繁忙景象。

特别要提到的是河曲在吉盐运销中的作用。吉盐运销山西的第一个黄金时期，即乾嘉两朝，河曲就是吉盐引地的一个转运销售中心，河曲、五寨、神池、宁武、岢岚、岚县、静乐等州县所需吉盐，大都要在河曲码头起岸，然后再驮运到各地。光绪三十一年（1905），晋北榷运局租赁吉池，包头盐局成为官运总局，于南海子设货栈存盐，而河曲盐商购包头盐，水路运抵河曲盐仓，再分销各引地。民国初年，河曲经营盐业的商号有德兴裕、复兴成、公庆兴、裕生瑞、通顺店5家，共有店员86人。

三、制筏与造船

商港码头，水运中心，也成就了河曲的船筏制造业。

河曲开阔的黄河沿岸生长着大量杨柳树，为造船提供了较充足的原材料。清末民初，县城专以打船为生的木匠就有百人左右，年向外地出售木船百余艘。大部分远销内蒙古河套及本省军渡、碛口等地。其中以王丑女的“义和昌”号规模最大。

商运鼎盛时期的夏天，西门外停泊的船筏，直抵黄河中流，日可百十艘。冬天，数以百计的船只则推上岸来，掩埋在城外的南北园子。专营运输的船户百余，船工上千，运输木船有200艘左右。

皮筏是一种特别的工具，是以完整的牛羊皮筒盛装货物，若干牛羊皮筒结成筏子，即成皮筏。这一工具是晋蒙粮油故道兴起后从兰州引进的。因为牛皮筒子容量太大，不便搬运，所以流行的是羊皮筏子。主要用来装运粮油。

皮筏运输盛行于包头至碛口，途中的河曲是皮筏制作与经营的中心之一，尤以县城南3里之铁裹门村民为最，全村40户就有30户制作经营皮筏。

制皮筏步骤有三。第一个环节是准备好皮筒。用牛羊皮做袋子类容器，就必须保持其完整性。放血宰杀之后，先将牛羊的头颅和四蹄割掉，然后囫囵将整皮翻剥下来，盛上生石灰水使皮子上的毛脱落，将里外都刮干净。至此，如果用来装油，皮筒就已经能用了；如果要装粮食，就还得用硝熟制。皮筒子有不同叫法，如“红筒”、“红胴”、“混沌”、“浑脱”、“皮囊”等。

第二个环节是装货。方法很简单，装油的话，先将脖子和三条腿扎死，留下一条腿往里面灌油，灌到约九分满时打住，再往里面吹气至鼓满，最后将口子扎紧即成。留下一定空间充气是为了增加浮力，便于行筏。如果用来装粮食，就把四条腿扎死，从脖子往里面装，程序一样。

第三步是制成筏子。有两种做法比较常用。

做法之一：先用选好的圆木制成长方形格栅式架子，纵向的木材上凿卯口，横向的木材两端做榫头，榫卯结合之后，再用皮绳紧紧捆住，使其更加牢固；然后再用皮绳在框架上来回有规律地绑扎成稀疏的网，然后把粮油皮筒用皮绳牢牢缚在架框和绳网上，筏子就成了。

做法之二：不做整体的大木框架，而是先扎成一些细长的爬梯式架子，绑上皮筒之后，在水里两两相缚，成为一“扇”，六扇缀成一个筏子，两个架子之间的连接是刚性的，扇与扇之间的连接略带柔性。

筏子的大小是以皮筒的数量多少而论，筏子单体（一排、一扇）都不会太大，由若干单体小筏连接组合而成的大筏，则有数百个甚至上千个皮筒。每个羊皮筒可装约一百斤麻油，三四百个皮筒组成的筏子，可装油三四万斤，五六百个皮筒的筏子可装五六万斤，上千个皮筒的特大型筏子就可装十来万斤，运输效率很高。

皮筏

第三节 水 运

粮油故道上的水路运输主要发生在黄河航道，另外，后套一带开挖的引水干渠部分亦可通航。整个黄河水运线大致可以分成三部分：一是磴口至河口段，二是河口至河曲段，三是河曲至碛口段。水运的主要工具是木船，其次是皮筏。

关键词：工具　船员　商会　河俗

一、船与筏

由于各段落河道宽窄、落差、水深等条件不同，以及货物运输的不同要求，船只的规格大小也不一样。一般说来，黄河上的船主要有长船、盐碱船、草船等几种类型。

黄河边的庙宇——弥佛洞

长船主要运载粮食。根据船的侧帮用七块还是五块板子拼成，又分为“七栈船”、“五栈船”。

盐碱船也称高帮船，专为运输盐碱。主要运行于磴口至河口之间。

草船用来运输中草药材，甘草、党参、当归、黄芪、枸杞等等，这是黄河上最大的船，可以装载7万—8万斤。

与木船相比，皮筏子运输虽然要慢一些，但好处也很明显。一是比较安全，不怕磕碰，所谓“羊驮粮，不伤粮”。二是成本低。皮筒可以反复用几次，最后还可以卖给皮绳作坊，作皮绳。而木船由于河道限制，单向运输，则大多是一次性的。就运油来说，船运需要油篓，制作油篓要比皮筒复杂得多，油篓也比皮筒重很多，运输效率低于皮筒。如果还想要把空油篓运回到发货地再次使用，也要比运皮筒费事得多。

二、一工、二艄、三把头

船运有风险。

黄河航道磴口至河口约673公里，落差较小，水流平稳，便于航行，上述各种船只均可航行，而且不仅下行方便，逆水而上难度也不是太大。河口至河曲段约153公里，落差明显增大，河道变窄，水流速度加快，顺流而下有了危险地段，逆流而上变得困难。河曲至碛口段约317公里，顺流而下险滩更多，对艄公要求更高，逆流而上更加困难。

黄河行船主要靠船桨划行，逆流而上则要靠船工拉纤。口喊号子，步履维艰地挪动，一天至多能走十几公里。拉纤非常辛苦，在一些地段也还有一定危险。比如要过偏关老牛湾就不是一件容易的事，拉纤者必须沿着岩壁上凿下的“手扳坑”、“脚踏梯”小心登攀，不能有丝毫差错，一旦失足掉入滚滚激流，后果不堪设想。

艄公的职责是把握好船行方向与航道，喊着高亢悠长而有韵味的号子，指挥摇桨船工操作，走准方向。黄河河床有沙底、石底之别。沙底河床变化大，石底河道有暗礁，老艄要有本领在水面上便可看出变化来，这样才能选准航

艄公，也叫“老艄”，是行船的灵魂。

道，不至搁浅。如果拿不准，老艄要先沿河岸步行考察一番才能行船。自古道“行船容易分水难”，讲的就是这个道理。因为老艄的责任重大，所以地位较高，上岸需要蹚水的时候由船工背着，工钱是摇浆船工的两倍。从包头到碛口，水路近 600 公里，平常水情要走七八天，水瘦的时候走半个月甚至一个月都有可能。晓行夜泊，船工吃住均在船上，三餐多是煮一锅小米饭，熬几只蔓菁。船工睡觉的时候拉上船篷，老艄则可能上岸到村子里去住店过夜。

河口以下绝对是以下行船为主，河曲至河口有少量上行船只，碛口至河曲上行船只就更少了。河曲的造船业发达，所造船只一部分要销往河口、包头、河套一带，必须逆水而上；偏关关河口距河口更近，拉船而上相对容易一些，货船往返者居多。但是，河口、包头下到碛口的船没有往回返的，大多在碛口就把船卖掉，船工要徒步往回走，到包头去的叫“走包”。保德、府谷、河曲一带下到碛口的货船有两种做法，一种是船货全部卖掉，一种是卸货后再装载少许东路货、招贤货，由人力拉纤逆水上行。相比较而言，前者居多。

货船上除了老艄、船工，往往还有一位“把头”随船而行，代表船主负责沿途交货、上货业务。把头要熟悉市场行情，善于谈判买卖。把头的工钱相当于三个船工，这样就形成“一工、二艄、三把头”的待遇等级。货主并不随运，也不派代表，到目的地码头有货栈的人按货签验货。

三、河路社与商会

船当然有主人，船主也叫“养船的”。由于下碛口的船绝大多数是一次性使用，养船在一定程度上是出钱造船，黄河沿岸各水运起点附近村子都有“养船的”。河曲等船运业发达的地方，还形成了相应的行业组织——河路社。

河路社主要解决船户与船工、渡运与长途航运、船只碰撞、码头货物的堆放、河中打捞的东西归属等纠纷。河路社实行自愿加入原则，入社船户每船往返运输一次需缴纳 1.2 元，作为组织活动的基金。河路社每年农历七月十五要举行放河灯、唱社戏等活动。

在碛口，往来船只停泊装卸货物等事宜则由商会负责管理。由于进出码头的船筏众多，需要有人疏导，商会下面便专门成立了“船排司”负责这一工作。船运最繁忙季节，在码头上游大约 3 里的一座节孝牌坊处，船排司设专人指挥船筏。如果碛口码头没有空位，来船就暂时不能下行，必须在这里等候，等到码头的牛角号声吹响，才予以放行。

商会还把碛口码头的装卸工加以组织管理。民国年间碛口河滩里天天停泊着百十来只船，大约有码头工 300 多人，时称“闹包子的”，主要任务是卸粮卸油，将货物扛到东岸的货栈里，上货任务较少。这些人有的全靠扛包子过日子，有的还有几亩薄田，可算“半工半农”。

四、放河灯

正因为黄河航道暗藏凶险，长途运输船只一般不单独航行，尤其是河口以下段落，一定要结伴成队下行，以便遇到险情互相照应。此外，他们还求助于神灵的保佑，认为黄河是一条神河，黄河晋陕峡谷两岸建有许多河神庙。每当启程开船之前，船主、货主、全体船工一般都要在河滩里磕头跪拜，祈求河神保佑一路平安，口中默默念叨：“河神水神，通通显灵，拽岸有岸，流河水深，保佑我们，一路太平。”

有的船主、货主甚至还要“许愿”。如果此次航行顺利完成，许愿者就必须还愿。还愿倒也简单，许了一只羊，就拉着羊到河神庙，先烧表磕头，表白谢意后，然后就在羊头上泼瓢冷水，羊受到突发刺激便打冷战摇头，这就表示神灵已经接受了，并非一定要宰杀这头羊。如果是许下三出愿戏，就得趁某地唱戏时还愿。愿戏并非真正要唱大戏，大多是在正式演出结束后加说几个段子。比如一个演员出台道白“节节高，节节高，节节高上盖金桥，有人来把金桥过，不知金桥牢不牢”，这就算一出愿戏；另一个演员出来念道“远远望见一青天，一块石板盖得圆，有人从这石板过，不是佛来便是仙”，这又算一出。船工们遇到危急关头也会许愿，但他们事后无力支付这笔开支，就在河神庙上磕头烧表后说：“我许的牲，我许的愿，那是当时怕得我胡说八道，河神爷爷可不要见怪”，船工们以这种“自我检查”求得心理平衡。

对那些不幸被黄河吞噬了的人，河曲有一个古老的仪式，就是每年七月十五鬼节之际放河灯。历代相传至今。地点就在水西门渡口。

河灯制作比较简单。先拿红黄粉绿颜色各异的标语纸，裁开，用糨糊粘成碗口大的盒状灯碗，再到满熬热蜡的大铁锅里把底部蘸上蜡防水，趁热在灯碗里撒上少许沙土，插上灯捻，一盏传统意义上最为简单的河灯就算诞生了。一次放 365 盏，慰藉安顿死在黄河里的孤鬼游魂，祈盼来年风平浪静，风调雨顺。到了晚上，载着河灯的木船划到河中央，抛锚，火把一齐点燃，河灯早已集合在了船甲板上，像校场里等待检阅的兵士，庄严而肃穆。有船工提油壶给它们挨个注入胡油，依次点亮。也有船工骑到了船帮之上，必要而简单的开始仪式之后，第一盏特制的彩色大龙灯就在鼓乐礼炮伴奏中下水了，接着是第二盏、第三盏……将所有点亮的彩灯陆续放入黄河河面，于是彩灯顺流而下，暗夜的河面就出现了一条彩练火龙。

放河灯是河曲一个重大的节日。每到那天，城内真可谓“张袂成荫，挥汗如雨，比肩接踵”。

河曲作为水陆重要转运节点的地位随着晋蒙粮油故道的衰落以及河曲社会环境的变迁而不复存在。20 世纪二三十年代京绥、同蒲铁路开通后，大部分内蒙古及西北货物从铁路运输，黄河水道运输的相对优势就逐渐失去。1926 年之后的军阀混战破坏了和平安全的商业环境。1926 年阎锡山与冯玉祥之战、1927 年晋军与奉军之战、1930 年中原大战等等，凋零了河曲商业。至 1937 年抗日战争全面爆发后，河曲商业环境被彻底破坏。

第八章

保德甘草运销

中药材是粮油故道上的第三类商品。内蒙古西部特殊的自然环境造就了一些特殊种类的宝贵中草药资源，药材品种有甘草、锁阳、苁蓉、枸杞、防风等40余种，其中尤以甘草生长范围最广，是最大宗的中药材品种。在粮油故道的中期以后，特别是同治、光绪年间至20世纪30年代，甘草采挖范围越来越大，产量相当可观，运销当时大半个中国，并出口国外，成为粮油故道上重要的商品。

保德人走西口以经营甘草而著称。在甘草主产地，主要的草场都是保德商人所开，掏草、做草行业保德人居多，最早的草店是保德人所开，保德商界几家大富之户都与甘草生意有密切关系。正是因为这一特殊背景，保德东关成为粮油故道上一处重要的甘草运销口岸。

第一节 甘 草

甘草，俗名甜草苗、甜草根，行话叫“根子”，多年生草本植物，根子入药。性平、味甘，具有缓中补虚、泻火解毒、调和诸药等功效，炙用治脾胃虚弱、肺虚咳嗽等症，生用可治咽痛、痈疽肿毒、小儿胎毒等症。由于用途广泛被称为“药中之王”，陶弘景《本草经集注》、李时珍《本草纲目》均称甘草为“国老”。甘草按品质又有不同的名称：生长年久、根头突大呈块状者称“榔头”，质量最佳；无突块呈条柱形者称“毛草”，质量次之；中心部色褐质坚者称“铁心草”。

关键词：草源 草场 草店

一、甘草的主要货源地

甘草盛产于我国西北地区，产地主要集中在内蒙古自治区的阿拉善左旗、阿拉善右旗、鄂托克旗、杭锦旗、达拉特旗、准格尔旗、乌拉特前旗，以及陕北的三边，宁夏回族自治区的贺兰县、石嘴山市、盐池县，甘肃省的武威、民勤、张掖、酒泉等地。以长城为界分为边里、边外，以边外产量为大。其中杭锦旗、达拉特旗和鄂托克旗的产量最大。甘草的质量因产地不同而异，就内蒙古地区而言，以产于阿拉善左旗和右旗的“王爷地草”最好，产于杭锦旗的“梁外草”次之，产于达拉特旗等地黄河两岸的“河川草”再次之。

甘草

据《绥远通志稿》讲，“绥西蒙地自古为产草之名区”，采挖历史悠久。自粮油故道兴起之初，内蒙古西部的甘草采挖及贩运业已开始。早在康熙乾隆时期，甘草采挖贩运已经存在，而且当地蒙古贵族开始有组织地进行。但是总体来看，嘉庆以前，甘草采挖仅是零星现象，规模不大，产量有限，还构不成粮油故道上的大宗商品。

从嘉庆道光年间开始，甘草作为商品开始在市场上交易，采挖规模日益扩大。

二、草场

在产地从事甘草业务的商家分为两种：一种是草场，一种是草店，两种业务的经营者均以保德人居多。草场负责掏草、收草、做草（铡剁、分类、捆包）；草店负责接待卖草和买草的商人，从买卖双方打佣取利，也为卖草人暂存甘草，有时还低价收买，伺机高价卖出。

草场设在甘草产地，规模大小不一，合股兴办的小型场子一般十几人至几十人；商家独资开设的草场规模就很大，各类人员一般为三五百人，个别大场子竟有上千人。各旗设场包草的办法不尽相同。有的是一家包租垄断，如达拉特旗就是由保德州王家“西碾房”独包；有的是以向王府申请包场的先后来定，杭锦旗、鄂托克旗就是如此。后一种草场的设置，一般是设场人于农历正月十九赶到目

草场

的地，通过向王爷、各召庙喇嘛拜年、送水礼（送砖茶、水烟、糖果、烧酒）等手段，商定好包场范围，然后按出草的实际数量计算包价。一经许诺，再有人来请求包场就不能答应了。

草场投入的资本视规模大小而定。资本的主要用途是支付王爷府的租金，掏草、做草工人的安家费用，收草及管理人员的工钱，购置掏草及加工甘草的工具，打捆用的包装物品，以及工人所需的生活日用品等。

草场的人员构成。一般是掌柜一名，俗称“大头儿”，负责全场事务；二掌柜一名，俗称“二头儿”，负责甘草质量与价格的评估；先生一名，负责来往账目；草头一至二名，负责提秤收进甘草；另有保管一名（多是兼任），伙夫一名，打米面跑外的一名，铡草工若干，隶属掏草工若干，铡草工与掏草工的比例大致为一比十。

租好草场后，掏草便是甘草生意的第一个环节。掏草工都是穷苦男性劳力，大都来自晋西北和陕北诸县，也有少量来自当地蒙古族，其中以保德人为最多。究其原因，一是保德的甘草商最多，家乡贫困的青壮年便奔他们而来，而且大都在离家出口时已支取了安家费用，所以出口后也只好靠挖甘草偿还。二是他们是专业掏草者，有掏草的技能和丰富的经验，和其他地区的掏草工尤其是临时性掏草者相比，掏草的效率较高，可以动较少的土方获得数量较多、质量较好的甘草。掏草所用的唯一工具就是铁锹，是一种锹头窄而长的特别制品，由场方准备，借给掏草工使用。

掏草首先要识别草苗。有经验的掏草工识别甘草粗细的能力很强，如果草苗四五枝生长在一起且比较老相，大多系粗条甘草，就须在离苗稍远的周围往下掏挖，不能铲伤根皮，当掏挖到一定深度，再不能往下挖的时候，便铲断。甘草沿地面平行匍匐的根子叫“串”，与地面垂直的根子叫“栽子”，人们一般是只掏“栽子”不掏“串”。一则因为“串”质量不好，二是为了保护资源，留着让它再往出长“栽子”。一般地讲，每个劳力一日能掏30—50斤左右湿草，个别地段能掏80多斤，因地因人而异。草场有一个不成文的规矩，无论一天掏多少斤草，都必须当日拿到草场出售。

收草是第二个环节。收草所用的秤不同于当时社会上流行的16两1斤的秤，而是场方自己粗制滥造的 20 两 1 斤的秤，只能称个大概。负责过秤的是草场经营者的心腹，大多臂力过人，不论草捆大小，均一手提秤，概不用他人帮抬，在提秤上颇有功夫，而且善做手脚。计量方法一般以 3 斤湿草折成 1 斤干草。如果掏草者拿来的是完整粗实的好草，过秤时也给加 10 斤或 20 斤，以鼓励和刺激掏草工人多掏质量好的草。

草场收草的价格压得很低，而且掏草工人交草时，当面不开价，只是把交草的数量登记在账上，要等到收够一船草（三万多斤）的八成才开价。这样做是考虑如果当日开价，怕掏草人嫌价低，影响收购。直到甘草码头由河口移到包头以后，由于掏草工人的抗争，才打破“当时不开价”的旧例，实现了当日开价，当日售草。

做草是第三个环节。做草就是将所收下的甘草进行分类，用铡刀切成不同的长度，晾干后分捆打包，储存待运。甘草是以粗细和长度分类。径粗在 8 分（10 分等于 1 寸）以上者为“特草”，4.5 分以上者为“一草”，3 分以上者为“二草”，2 分以上者为“三草”，2 分以下者统称“毛草”。成品甘草长度在 8 寸（10 寸等于 1 尺）

做草

至18寸之间，不足8寸的草统称“节子”，是铡草过程中的下脚料，其中更短小的称“疙瘩头”。

一般的收草场配备铡草工七八人，大场子有上百人，甚至有二三百人的特大型场子。大约每十个掏草工需要配备一个铡草工。铡草工属于技术工种，他们的工资一般都高于掏草工。以1919年为例，铡草工每月工资为11块银元，场方管吃管住。

将做好的甘草运到草店是草场商号生意的最后一个环节。运输一般分为两个步骤：第一步是通过陆路将甘草运到距离草场最近的黄河码头，或者用骆驼驮运，或者用牛车拉运，比如上王爷地的草是驼运至磴口装船，下王爷地的草驼运至后套杨家河子装船；第二步是通过草船将甘草水运到草店，在铁路未修至包头前，各场子的甘草都要运到托克托县河口镇的甘草码头，因为专营甘草买卖中介业务的草店和各地买草的客商汇集在那里。

水路运输的价格以船而论，视距离远近而不等。河口以上黄河水势较为平缓，船的体量较大，载重较多，如果装运盐碱粮食可达五六万斤，但装运甘草一般仅三四万斤。这是因为甘草较轻，装得多了难免上晃，途中如遇上大风，就有翻船的危险。甘草码头在河口镇的时候，其运价行情为：由宁夏运至河口镇每船50两白银，磴口至河口每船40两，杭锦旗至河口每船30两上下，达拉特旗至河口每船20多两。甘草码头移至包头后，航运费由银两改为银元，数目比用银两大了一些。

各草场在码头上都有各自的关系户草店，即“相与”。当甘草运到码头后，就卸给有“相与”关系的草店了。

三、草店

道光朝以来内蒙古甘草外销的口岸主要是河口，甘草的买卖交易与分运主要在这里完成。河口不仅有甘草码头，而且有专做甘草生意的商号——草店。

草店是旅店和货栈的混合体。

在草店未开设之前，甘草的交易是在河口镇的黄河岸上直接进行。嘉庆末年至道光初年，甘草交易日渐旺盛，经常有外地甘草商前来买草，这些商人一般不会与草场直接发生关系，而是通过草店购买。

山西保德州的马家就在河口镇率先开设了“晋益恒”草店，接待客商，兜揽买卖。

草店的业务主要是接待卖草和买草的商人。每个草店都有一些相对固定的卖草、买草的“相与”，草店则在他们二者之间充当买卖的中介，促成双方以两家都能接受的价格达成交易，草店则收取一定的佣金，通常是买方和卖方各出一半。

草店都有货栈，为买卖“相与”们暂时存放甘草。作为卖方，草场运到的甘草一般不会不经转手直接下运，大都要卸货，并存放在草店货栈，同时对甘草重新整理，把松了的草捆紧，把湿了的草晾干，等待买方提货。作为买方，买卖成交后，不一定马上就能装运，尤其是水上运输，要委托养船户装运，装运之前仍需继续存放在货栈。另外，由于甘草可以较长时间保存，草店有时还自己做买卖生意，在价位较低时买进，存入货栈，观察市场行情，等待市价爬升，再伺机卖出，获取差额利润。

草店还兼作客栈。买卖双方“相与”都是草店的客户，草店既然要和他们做生意，就要接待他们。按照当时的规矩，一般不会让“相与”们去住专门的客栈，而是就住在草店，吃住都由草店安排。这样既方便生意，又可以加深“相与”之间的关系。

甘草从河口分为水陆两路外运。陆路主要去往归绥、大同、张家口、北京、天津等地，买定的甘草或由骆驼驮运，或由大车拉运到各目的地分销。走陆路的这部分数量较大，估计会占到七成左右，但不是粮油故道上的事情，故不多谈。水路就是沿黄河继续下行，分别到达黄河沿线各主要码头再转而陆运。就粮油故道而言，主要是保德、碛口。

光绪初年至民国早期，河口镇在先前已有的“荣升昌”等草店的基础上，又先后开设“庆和成”、“信成”、“日生”、“公义昌”、“庆记”、“裕隆”、“集义昌”七家草店，甘草生意最旺盛的时候，每年运售四五百万斤。其中每年经黄河从保德码头转运泗水、禹州一二百万斤。

第二节　州治所在的口岸保德

粮油故道黄河水路流经山西偏关、河曲、保德、兴县、临县五个县，沿途有大量渡口和码头，都起着分流上游来货的作用。但相对而言，除了碛口，河曲与保德两地最为重要。两者既是口岸，又是县、州治所在，不论货物吞吐量，还是口岸城镇规模，都是其余码头型村镇无法比拟的。

关键词：名军镇　名码头　名商人

一、保德东关

保德口岸是在保德老城外的东关发展起来的。远在晋西北的保德，虽“地处偏僻”，但“向称名郡”，历来是兵家必争之地。“三晋为神京右臂，而保德居三晋之首，西接秦壤，北临河套，距边垣仅四十里。隆冬河冻，一马可到。”保德建城的历史可以追溯到北宋淳化四年（993）。北宋政府在保德一带设定羌军（相当于州一级行政单位），始建定羌城。景德元年（1004），定羌军改称保德军，定羌城随之改为保德城，因此保德也称“古定羌”。景德四年（1007），保德军改为州，是为保德州之始。

保德原本是一座黄河岸边的山城，宋明以来不断修缮增建，规模虽小，而街巷之中衙署、馆学、祠庙、市集应有尽有，唯一不便之处是黄河运来的物品搬运艰难。所以，明清以来，保德商人就在城外沿黄河一带建起仓房货栈，称

延伸阅读

晋蒙粮油故道沿线所有口岸当中，在绝大部分时间里保德是行政级别最高的。清代顺治元年，山西同全国其他省份一样，实行省、道、府、州县四级行政机构，全省分为四道、五府、三直隶州，保德州属太原府管辖。雍正二年（1724），从太原府划出保德等四州，升格为直隶州（与府同级），并将太原府属兴县、河曲县划归保德直隶州管辖。雍正八年（1730），恢复为保德州，且将兴县复划归太原府，仅领河曲一县，至清末未变。进入民国时期，保德不再是州。

之东关。随着晋蒙粮油故道的兴起，保德的发展重心转至东关，东关逐步成为黄河水道上的重要口岸，其商贸运输上的重要性远胜于山上老城。

保德东关口岸的成长有两个条件。一个当然是其地理位置。光绪年间的《保德州乡土志》载:“东关在州城山麓黄河南岸，舟行者上由包头，下达碛口。陆行者，东去直豫，西向陕甘。外商虽甚少，而土人贸易，此地为便，遂推中枢。”这里不仅是黄河水道的必经之地，而且，保德以下黄河水流更为湍急，以上则相对平缓一些。正因为这一点，黄河水路以保德为界有一个明显不同，即保德以下绝少逆流上行的船只，保德以上溯河而上的船只相对较多些。这一多一少对保德的发展不无影响。

另一个条件是因生计所迫，保德人大量出走口外。其中自然涌现出一些经营高手并发财致富。他们深知家乡最短缺的是什么，所以或者广租蒙地种植，将所产粮食运回保德销售，或者经营甘草或其他生意，并把生意做回保德，从而推动了保德东关商业运输的发展。

嘉庆道光年间，随着粮油故道的发展，保德口岸的对外经济联系大为加

黄河边的保德

强。走口外的保德人这时候有的已经致富，开始反哺家乡。与北路货产地联系加强的同时，保德与东路、南路商品销售地的关系更为密切。据道光十八年（1838）一通“首题”受损而碑名不能详的碑记，在为保德城“建楼、修殿、建厦亭、竖旗杆”等事项而募集善款的过程中，可辨认的捐资者共52家商号、店铺，另21人。其中值得注意的是有外地商号17家，另2人，占到近1/3，且远及晋中、晋南、江南，说明保德商业的外向性大为提升。“保德货”或者经由保德中转的“北路货”运销范围得到较大拓展，也表明保德东关作为粮油故道上水旱码头的地位明显提高。

光绪至民国初年，随着粮油故道走向鼎盛，随着保德口岸的过境商品增多，保德东关的商业得到进一步发展。州志记载，保德商人“善经营”，“以贩运甘草油粮为大宗”，“与蒙古、河南交易最盛，直隶次之”。从包头、河口运回的中药材、粮油、盐碱等物，除了本地销售外，甘草、柴胡、锁阳、苁蓉、麻油以及本地产的龙骨、果丹皮等商品，通过水陆两路远销河南禹州及泗水、河北祁州、临县碛口、晋中、晋南等地。这些货物运到目的地后，“遂于其地易以水烟、布匹、棉花、绸缎、玩好诸物，由陆路骡运而归”。驮回各物，

被誉为中国十大钓鱼台之一的保德钓鱼台

“以十成之一留本地销售，余皆运往蒙地。其骡之归也，又以口外药材如柴胡、锁阳、肉苁蓉等物贩运来州，再往东去，终岁营运，循环无已”。来去都有货物运销，一般没有空载，经营收益应当不会差。

保德人在外埠经商有一定影响。其商号不仅设在河曲、府谷、河口、归绥、包头、银川等粮油故道沿线城镇，而且开到太原、天津、汉口、广州等大城市，在天津还成立有“保德商社”。这些在外地的商号以批发业务为主，零售为辅。相对而言，外地人来保德坐地经营者较少。作为保德商业中枢的东关，即使到了光绪后期，仍然“市廛多土著，其外来者只榆次、忻州人数家而已”，另有“直隶顺德府及本省交城县人来东关收买”羊皮。远不如碛口、近不如河曲外来经商者那么众多。

保德东关本地商业规模有限。至光绪晚期，仅有“铺户70余家，居民5562口”。民国初，有注册商号70多家，行业以绒毛、皮张、甘草、布庄为盛，百货什杂次之。1937年有商号158家，从业人员850人，平均每个商号不到6人，可见多为小商小店，大型店号不多。

因为保德是晋陕蒙黄河水运必经之地，所以，清政府先在“光绪五年设盐卡”，又在光绪末年设厘卡，向行、坐两商征收厘金。在保德东关增设厘卡，一定程度上反映这里过境中转商品量较大，商业较发达。

延伸阅读

厘金，是19世纪中叶至20世纪30年代中国国内贸易征税制度之一。清政府为缓解因镇压太平天国运动而出现的财政赤字，在由扬州地区开征后遍及全国，对商业百货抽捐。厘金制度分为行厘和坐厘，前者为通过税，征于转运中的货物，抽之于行商；后者为交易税，在产地或销地征收，抽之于坐商。山西征收厘金始于咸丰九年（1859），设碛口等总卡七处及分卡若干。至光绪末年全省共有厘卡28处，其中粮油故道沿线有临县碛口、兴县黑峪口、保德东关、包头南海子等四处。

二、保德商人

保德人善经营，他们不仅借助粮油故道的便利条件，使甘草成为商道仅次于粮油的第三类货物，更把一个昔日的边塞小镇发展为晋西北的商业中心、中转枢纽。

在杭锦旗做草场，最初是由山西定襄人张家打开局面，最后由保德张家垄断的。道光年间，定襄人张六乡之子就在杭锦旗开设草场“德盛成”，经营甘草生意。张连德（张六乡之孙）继承祖业，甘草生意越做越大，几乎垄断了杭锦旗的甘草业。但该旗境中部的“梁外甘草”因交通闭塞，当时尚未开发。到咸丰年间，更多的甘草商号进入杭锦旗。山西保德州马家滩张家开设了“广盛恒”草行、太谷李家开设“德盛亨”、忻州张家开设“永和西”等草场，从而打破了原来的垄断局面。咸丰十年（1860），杭锦旗王府还给几位大商人发放了甘草准采文书。到同治年间，保德张氏开办的“广盛恒”商号进军梁外甘草地，在西北沟设场采掘、收购、贩运甘草，规模越做越大，成为杭锦旗影响最大的甘草商，经营近百年。清末民初，保德、定襄人纷纷走西口来到杭锦旗采挖甘草谋生，他们或自采自挖给草场商家打工，或以人定股联办小场，自产自运自销。1923 年甘草市场由河口转到包头，杭锦旗境内贫民赖以采掘甘草为业者逾万，年聚销包头 80 万公斤，多至 100 万公斤。

在达拉特旗，甘草生意几乎由保德州王家“西碾房”草场独包。

褡裢

褡裢可盛钱盛物，方便实用，是当年头戴毡帽身穿长袍行走塞外晋商的货袋及旅行包。

王家的先人王蕊在乾隆年间来到口外，先是在达拉特旗西北部的黄和硕召当佣工。王蕊为人老实勤劳且有才干，得到召庙喇嘛的信任后，召租到一段荆棘地，开始招佃垦地，经营农业，数十年工夫使这块荒蛮之地变为膏腴之田。王蕊之子王天生又向乌拉特西公旗召租到了一块苇地，南连达拉特旗，北至黄河，开渠淤澄，进一步扩大耕种地段。为此，在黄河南岸昭君坟西南七八里远的地方安下伙房、盖起碾房，于秋收之后，把原粮碾成米，雇船运回保德。“西碾房”渐渐变成村名。道光年间，托克托县河口镇开设甘草市场，王家便一面经营土地，一面把包租土地扩大到梁外，开始收购经营甘草，其草场就叫“西碾房”，王家逐渐成为垄断达拉特旗甘草的大商号，当时就有“王家不到河口，草价不开市”的说法。“西碾房”收购甘草的分号很多，有“中和西”、“万成西”、“万兴西”、“再成西”、“全成西”等。如果有人想在达拉特旗收草，也得与“西碾房”支号联系。达拉特旗甘草保德王家独大的局面一直持续到 20 世纪 30 年代。

鄂托克旗的甘草生长面积有 18 万亩，主要分布在查布苏木境内。甘草的零星采挖贩运早已存在，规模化掏挖大约始于咸丰年间以后。在同治年间董福祥开设了“祥泰魁”、“祥泰和”、“敬盛魁”三个草场，包办收购与运销，当时人称董府三大号。鄂旗甘草主要是通过属于宁夏的黄河石咀子码头外运的。

阿拉善及磴口也是甘草的主产地。主要分布在二百余里长的笔架山一带，清代中后期开始采挖外运，人称“王爷地甘草”，质量上佳。上王爷地（阿拉善旗西部）由包头马家和保德州杨家合资开设了“义成远”草场，并设有三个支号，专门收草；下王爷地（阿拉善旗东部）由祁州张家开设了“广庆泰”商号，每年向阿拉善亲王纳租银三千两，在包租的地面，一面收草，一面畜牧和耕种。民国早期，王爷地年采挖收购甘草达 20 万斤。

保德商人同时还经营草店。

马家滩的马家最早在河口开设草店“晋益恒”，咸丰年间抽走资本转手大掌柜王永恒。光绪年间马家在甘草行业又杀了个回马枪，在河口开设“公义昌”草店，买卖做得很大，并在保德开了“协义兴”总号，在太原、汉口、天津、河北、河南等地开有近十个分号，中药材是主要经营商品。利用自身在各地的分号，做异地之间互通有无的生意，保德是相当一部分中药材的中转站。

民国年间，马家聘请保德陈家梁的陈随保出任总经理，与外国洋行打交道，在天津商界有一定影响。据说，20 世纪 20 年代初，“协义兴”商号以较低的价格在内蒙古收购了一批锁阳，存放在库房。第二年南方药材市场锁阳紧俏，价格大涨，“协义兴”便把库存的锁阳运往汉口，卖了个好价钱，大赚了一把。

同治光绪年间以经营甘草发迹的东关杨家，第二代杨怀祯先在王爷地开设“义成远”号，人称“甘草头财主”。后改设“义成德”总号，并在各地广设义字号分号，其中与粮油故道相关的有包头的“义成功”、太原的“义成庆”、郑州的“义成贤”，以及保德东关的“义成信”、“义成永”、“义成全”、“义合魁”等，杨家义字号经营主项是甘草等 40 多种中草药，太原、郑州等地分号来源内蒙古的药材一定是要途经保德中转运输的。

当然，晋蒙粮油故道上运销的中草药材不仅仅是甘草，还有枸杞、锁阳、苁蓉、防风等数十种。因此，河口、保德、碛口等地所经营的也不单是甘草，其他中草药材也在经营范围。1923 年京绥铁路由绥远延伸到包头。由于铁路运输比水路、旱路运输既省时间又省运费，所以西路来的甘草只要运到包头，便不再经水路下运，转走铁路发往目的地。因此，包头很快成为甘草新的集散中心，甘草商人由河口镇转向了包头，河口码头的草店也就难以为继了。而在包头相继出现了“义合永”、“广恒西”、“广和公”、“永恒西”、“中兴栈”、“义兴永”、“永和铨”、“公记”、“公义西”等草店。包头以下粮油故道上的甘草运输随之由盛转衰，但并没有完全消失。

保德东关的商业命运与河曲相似。一方面由于京绥、同蒲铁路开通后，内蒙古及西北货物通过黄河水道运输量逐渐减少；另一方面因为 1926 年之后的军阀混战时断时续，和平安全的商业环境被破坏。在这样一个大背景下，保德东关口岸的业务量，尤其是与内蒙古的货物交易量自然要减少，仅通往兴县、碛口的粮油煤炭船运还勉强维持。1937 年抗日战争全面爆发后，商运环境更为恶化。1938 年 2 月 28 日日本侵略军占领保德县城，3 月 19 日、20 日放火焚烧旧城及东关，大量建筑化为灰烬，商号店铺或被烧毁或难以经营，市场萧条冷落，商业元气大伤。此后的保德县城，即使在和平年代也仅仅是一个地方的商业中心而已。

第九章

碛口水旱码头

在整个晋蒙粮油故道上，碛口是与商道关系最为紧密的口岸。

商道出现之前，没有碛口镇，连碛口村也没有。康熙、雍正年间商道初兴，碛口镇开始形成；乾隆、嘉庆、道光年间商道发展，碛口镇“商务发达，遂称水陆小阜”；光绪朝至民国初年商道鼎盛，碛口从商号数量、货物转运量、商旅往来量、对外影响力等各方面都达到前所未有的高度，出现空前繁荣；至20世纪二三十年代商道走向衰落，碛口同样由盛转衰。碛口的产生与成长轨迹与商道所走过的历程完全对应、吻合。

商路造就了碛口，碛口放出了自己的光芒：碛口是商路上独一无二的纯商业城镇，是最为纯粹的货物转运型城镇，是内蒙古及西北商品输入山西最大的卸货码头，也是对周边地区经济辐射力很强的水陆运输枢纽。

若把商路比作一棵大树，碛口就是那绕树的藤。藤因树兴，也使树袅娜生姿，美不胜收。

第一节　非关地利，但凭黄河

碛口是 700 多公里晋陕大峡谷中东进西出唯一的孔道，这是从碛口诞生那天便成为的客观实在，它“天然”地“本分”地以军事要塞写进史书，仅此而已。等了几千年后，等到黄河上兴起了这条商道，碛口才得逢其时，灿烂绽放。

关键词：军塞　良港　转运

一、晋陕通道

可以说，直到清朝前，碛口是被“浪费”了的。

黄河从河口进入中游，翻卷咆哮于晋陕大峡谷中，直下潼关。700 多公里水路两岸都是峭壁悬崖，几无缝隙。连通晋陕两省的唯一通道在峡谷中段的临县碛口。

临县四围皆山，只有一条湫水河经碛口入黄河。境内黄河沿途有 13 个渡口，都背靠吕梁绝壁，只有通过碛口才能西进东出。往西进入陕西省、内蒙古、宁夏，往东则经由离石（时称永宁），过吴城，到汾州（今汾阳）、太谷、平遥、介休，或往东北直达太原。

碛口是去往晋中腹地的唯一的却又是最近的通道。

位置如此重要，清之前的碛口除了作为军事要塞之外却没有别的“大用途”。因为碛口地势逼仄，没有耕地，养不活人。而从碛口再往上走五里即可到侯台镇，那是湫水河的冲积河滩，土肥人多，集市繁华，过路商旅都愿去那里住宿打尖。

碛口成名，缘于商路。

晋蒙粮油故道的六大类商品，沿着黄河顺流而下，除了一部分在沿途码头分流之外，大多供应太原等晋中地区。而从黄河通往太原等地的最便捷的转运码头就是碛口了。一时间，碛口身价百倍。

俯瞰碛口

二、天然码头

故道“选中”碛口，不仅因为这里“最近”，还因为他别无选择。

碛的意思，是沙石积成的浅滩。湫水河发源于兴县，纵贯临县南北境，入黄河。源头海拔 1 500—1 800 米，入河处海拔 657 米，落差巨大，流速迅猛；湫水河控制流域面积又较大，每逢暴雨季节，强大的洪水挟带大量的泥沙砾石涌入黄河，在入河口以下黄河河道东半部堆积成一个长约千米、高出河床五六米的乱石滩，当地人称“麒麟滩”。麒麟滩把上游 400—500 米宽的黄河水面挤逼成宽度仅有 80—100 米的河槽，加上这段河道上下坡度明显，河床礁石遍布，从而形成波涛汹涌、急流翻滚的“大同碛”，也叫二碛，是说它险要度在黄河仅次于壶口。碛口得名，一是它在碛上，二是在湫水河入河口处。

大同碛急流险滩，没有哪个船夫老艄敢在这里一试身手，黄河上游下来的船筏不得不在碛口中止航程。

但大同碛以上这段黄河正好是一个大拐弯，河面宽阔、水流平静，而碛

碛口黄河

口又位于黄河拐弯的外侧。高出河床数米的麒麟滩犹如一道天然拱水坝，抬高了上游的水位，使碛口天然地成了一个良港。

于是，晋蒙粮油故道的货物只能在这里下船，改用牲口转走陆路。

碛口就这样当仁不让，成为“水旱转运码头”。

第二节 水陆转运

碛口商业之特色，是“转运”二字。

晋蒙粮油故道六大类商品——粮、油、盐、碱、皮毛、药材的大部分，都要从这里下船上岸，奔赴各自的目的地。

关键词：转运为业　商圈辐射

从蒙粮济晋，碛口便开始进入官方视线。

乾隆年间，这条水陆商道实现了全线贯通。乾隆八年（1743），山西巡抚刘于义——就是那个把山西最上等人经商、最下等人不得已才去读书应试的“风俗”报给朝廷，引得皇帝气愤愤又酸溜溜地评价“殊可笑也”的人——就筹划将口外之米以牛皮混沌运入内地。他给皇帝是这样算账的：归化城、托克托城等处，离太原千有余里，若以陆路转运，车骡雇价为费甚多，运到内地已与市价相去无几。要是从保德州买米，用混沌运输，不过四日，已至永宁州碛口地方。然后再陆运至汾州，每石较市价可减银四钱；陆运至太原，每石较市价可减银二钱。

这笔账明明白白。官算得来，商亦算得来。

再说吉盐。前面讲过，吉盐运晋一波三折，此不赘述。关键是一直到嘉庆年间，每次禁而又开之时，官方都明令“水运不许侵越碛口”，以防影响池盐秩序。这样就更强调了碛口转运口岸的地位。

盐碱一向并行。碱也经碛口转运，是商道批发的又一大宗货物。

再说油。土默川和后套这一带产的胡麻榨成的胡麻油，浓香可口，不仅是人们的食用佳品，也是点灯照明用油。经碛口转运的油有多少？油筏到岸，卸货的把油皮筒里的油倒进油池时难免沾些油，他们顺手在门框廊柱上一抹，天长日久，柱子上居然凝成厚厚的一层坚硬的油皮，到现在还看得到。正所谓：“碛口镇里尽是油，油篓垒成七层楼，苦力扛来牲畜驮，三天不出满街流。”碛口运油有多重要？“碛口三天不发油，汾州满城黑黢黢”——碛口不发油，汾州连灯都没法点了。

皮毛转运，不说别的，往交城去的有多少？

还有中药材。甘草等成为粮油故道上的热门商品后，凡是经过保德运往河南泗水、禹州等地的药材都要经过碛口；由内蒙古运往吕梁、晋中、太原、晋东南甚至河北邯郸的药材大部分也是在碛口起岸，再走陆路。

碛口也成了一个药材中转批发市场，名牌药店包括太谷“广升远”和“广誉远”都在这里设了药材转销站。据 1994 年编修的《临县志》转引《山西金融》的说法，一直到 20 世纪 30 年代，碛口做药的两大商号每年从包头、磴口经碛口转运的甘草就达 700 万斤。

商路造就了碛口。碛口崛起于康乾年间，发达于道光年间，光绪年间至于顶峰。20 世纪二三十年代，随着京绥铁路、同蒲铁路以及山西境内太原至大同、太原至军渡、太原至风陵渡几条公路的陆续修筑，晋蒙之间黄河水运的重要性越来越下降，北路货物运销碛口的数量越来越少。至 1937 年日本军队入侵晋西北，加上 1938—1942 年日军八次“扫荡”碛口镇，碛口一蹶不振。其起、兴、盛、衰与晋蒙粮油故道同步进行。

由于碛口所承负的转运重任，自然形成了一个以之为中心，东达京津，南至汉口，西抵银川，北及包头的大商圈，几乎覆盖了半个中国。碛口这个藏在吕梁深处的小镇，就成为沟通大西北与中原、华北、华中地区物资交流和晋蒙粮油商道上的山西境内最大的卸货码头及水陆转运枢纽。

“广升远”记图章

第三节 陈三锡们

创造碛口经济奇迹的主角，是活跃其间的商人。

关键词：商人　商号　商镇

一、商人

碛口的“创始者”、开发人是陈三锡。

据《永宁州志》记载：康熙末年，山西遭逢大旱，民不聊生。当时已经商致富的陈三锡出钱从河套买粮运来碛口，并在碛口招商设肆，解了居民饥饿之虞。碛口也开始发展起来。到了乾隆年间，湫水泛滥，冲垮了离碛口不远的侯台镇和曲峪镇，两镇商民逐渐移居于碛口，加之晋蒙商道之兴，碛口

陈家大院

遂成巨镇。

据说陈三锡一生在碛口开设了 30 所商号，他的后代在碛口拥有 100 多座商号，占了半个碛口街面。

陈三锡有个好儿子陈秉谦，不仅经商有方，更做了一件大好事——从黄芦岭往离石修了 20 多公里官道，开通了碛口通离石、去太原的山路，黄芦岭下的吴城，也成为货物转运的旱码头。

碛口对岸的寨子山村，也有一家姓陈的大贾做得好生兴旺，从碛口到包头，沿途都有他家的买卖，号称陈百万，人称晋西第一富商。其中陈敬梓还是后来榆次纱厂的股东。

青塘村（临县境内）王佩珩，是碛口最大的粮油货栈荣光店的创始人。王佩珩的父亲王居仲，看中了碛口，想来买一块地。当时地皮已炒得很高，他看中的黄河边上的那片乱石山坡开价 500 两银子，他嫌贵没买。几天后再来，已涨到 800 两，更舍不得了。王佩珩回来，也看中了这块地，立即买了下来，出价已达 1 200 两。可是王家后来赚回来的，不知多少倍了。

临县碛口渡口

这类富商大贾，发达时的碛口很多。商人们之间当然少不了竞争，但互利共赢的事，也有不少。

乔家大院第三代乔景仪，有一回指令他家在包头经营粮油的店铺把全城当年产的胡麻油全部买下，准备垄断市场。陈三锡的后人陈辉章也有此打算，却晚了一步。陈辉章急中生智，收购了市面上全部的油篓和皮筒。乔家有油没篓，陈家有篓没油，于是双方妥协，合做一笔生意，各自大赚了一把。

二、商号

随着商路的畅通发达，碛口的商人和他们建立的商号也多了起来。这一点，从碛口寺庙的三通碑记可以反映出来。

乾隆二十一年（1756），碛口最重要的庙宇黑龙庙扩建，重修碑记施银的名录里，除了陈三锡父子三代以及11位“领袖人”和“经理人”，只有“长盛厂”、“广昌号”和“广裕号”3家商号。

嘉庆二十二年（1817），重修碛口另一重要寺庙西云寺时，重修碑记中，“本

碛口黑龙庙戏台

镇”33位“募化人”，其中有21位可以认定为商号，其余12位以个人名义募化，也大都是各业的东家、掌柜。

道光二十七年（1847），《卧虎山黑龙庙碑记》所录施主72位，除了3位庙里的住持及徒弟、3位署名为“河滩”外，其余66位全是店号，其中42家为外地商号。

同治五年（1866），碛口附近的李家山重修天官庙，碑刻上的施主，有碛口镇商号132家。

民国五年（1916），重修黑龙庙的碑记芳名录里，本地商号132家，外地商号129家，其中包头24家（1家为大义篓铺）、河口8家（商务会及7家店号）、河曲5家、保德13家、府谷9家，黄河上游地区合计为59家，约占外地商号总数43%，其余多为碛口周边地区的商号。

民国八年（1919），关帝庙（黑龙庙上庙）重修碑记芳名录里，本镇商号219家，外地商号149家。值得注意的是在黑龙庙两碑记芳名录里，本镇商号没有一家重复出现。可以推断，民国五年至八年间（1916—1919），碛口有实力的商号至少有351家。

这些说明了什么呢？

首先是本镇商号的大幅度增加。仅施银商号由同治年间的132家增为民国初期的351家，半个世纪增长了1.7倍，平均每年增加4.4家。

其次是与外地的商业往来越来越密切，尤其是与黄河上游地区商号的联系越来越紧密。道光二十七年（1847）的外地施银商号仅限于碛口周边的临县、离石、柳林、孝义、交口、汾阳、介休、灵石、平遥等地，这些地区都是“碛口货”的销售地，几乎没有山西以外货源地的商号，只能说明这些区域对北路来货的依赖；到了民国初年，施银商号除了周边州县，更有包头、河口、河曲、保德、府谷等地的商号，而且占到外地施银商号总量的43%，这几个地区多为碛口的货源地，说明货源地对碛口的依赖程度在增强，也说明碛口的重要性大为提高。

再次，碛口与货源地、销售地形成你中有我、我中有你，谁也离不开谁的一体化格局。上述碑文中所提及的外地商号，有一些其实是碛口人在当地开办的，而碛口镇上的商号，则有很大一部分又是外地人所开。据《临县志》商业卷所载，清末至民国初，碛口有正式挂号登记的坐商 204 家，其中客商 79 家，约占 39%。具体情况是：包头 18 家，河口 8 家，河曲 4 家，绥德 4 家，府谷 13 家，孟门 22 家，此外还有汾阳、平遥、孝义、吴城、曲沃、邯郸、镇川堡、大麦郊等地人开办的，而且这些客商开办的栈店大多规模较大。

三、商镇

商号多了，碛口的街道大格局逐渐形成。

碛口原本不是居民点，是一个因为商运而诞生的码头型市镇，周边的商人为了生意而汇聚到碛口。按照晋商的规矩，外出经商是不准带家眷的。没有家属，就没有必要修建居家房舍院落。所以，整个碛口镇，除了庙宇，所有的建筑几乎都是商业用房：或者是货栈仓库，或者是门市店面，或者是生产作坊，或者是车马骆驼大店，或者是税厅、镖局等服务于商业的建筑。与此相应，碛口所有居民及外来者都是商人和为商人服务的各类工作人员，这是一座没

东市街的百川巷道层层上坡，左右通道可达多家货栈。

有闲人、几乎人人都在工作的纯商业市镇。这一特性造就了碛口建筑的共同特点——不图奢华，但求实用。倒是碛口周边村落里有许多修建非常考究的深宅大院，都是在碛口经商致富后财东们回到老家精心建造的。

碛口的建筑都是顺着山坡修建的，主街长 2.5 公里，还有二道街、三道街。有 11 条竖巷与主街垂直，街道两侧都是鳞次栉比的店面，竖巷供通行兼排洪。围绕东市街、西市街（号称“五里长街”实则不足三里）及 13 条山巷现在依然保存的碛口 400 多座大小院落，原来都是商行或店铺，经营商号的东家、掌柜、伙计、学徒就住在自己的店铺里，外来做生意的客商也住在相关的商号里，大量“闹包子”的装卸搬运工都住在附近的村落里。

碛口的商店名目，据清末民初时资料，有粮油店、皮毛店、盐碱店、瓷器店、杂货店、文具店、钱庄当局、骡马店、骆驼店、客栈、药铺、酒店、饼子铺、糕点酱醋店、酒坊、分金炉、蹄蹄铺、铁匠铺、木匠铺、靴鞋铺、染坊、石印馆、理发馆、镶牙馆、照相馆、澡堂等等。1915 年，山西省军用电信局长途电话

碛口依山而建的排排房屋

直通碛口并设电信局；1917 年，碛口成立中华邮政局，比县城整整早了 20 年。

碛口商镇在乾隆年间已现雏形。乾隆二十一年（1756）《重修黑龙庙碑记》言及："碛口镇又境接秦晋，地临河干，为商旅往来、舟楫上下之要津也。比年来人烟辐辏，货物山积。"

碛口黑龙庙山门有一副楹联，是为官多年后告老还乡的离石举人崔炳文在道光二十三年（1843）题写的——"物阜民熙小都会，河声岳色大文章。"——道光二十三年，是中英《南京条约》签订的第二年。这一年，上海和宁波相继开港，中国历史翻开了其近代史的篇章。在这之前，这个藏在吕梁深山里的小镇，已经成为一个商品经济高度发达的小都会了。

对 20 世纪 30 年代碛口的情况，《山西金融》还有如下更全面的描述："碛口镇曾是贸易往来的大驿站，有坐商 360 余家，每天有成百上千的商人、旅客过往，其市面因之日趋繁华，日渡船只 50 多艘，船工装卸货物不下百万斤。镇内有搬运工 2 000 余人，日过驮货牲畜 3 000 余头。全年营业额在 50 万银元以上商号有十余家。集义兴和义生成每年经碛口转运甘草达 350 万公斤。每年从磴口一带航至货船不下 4 000 余艘……全镇有较大的粮油店 2 家，棉花店 2 家，焚金炉 3 家，银匠铺 6 家，染坊 10 家，磨坊 30 余家，骡马店 30 余家。其余为当铺、皮毛店、盐碱店、饭店、京广杂货店等。市面货币流通额达 150 万银元。"

第四节　金银山

作为一条长距离商路水陆转换的中枢，碛口以其强大的经济辐射力，不仅影响到千里以外的蒙、宁地区以及吕梁、晋中、太原、陕北，更带富了周边村落。

关键词：人人经商　建筑典范

一、共同富裕

碛口一带自然条件很差，自古以来这里的人们“业农为本”，靠天吃饭，处于贫困状态。碛口兴起以后，给周边村民带来了诸多机会和生计，极大地带动了周边村落的发展，进而使碛口一带成为临县乃至吕梁地区最为发达富裕的地方。

首先，许多人投身货物装卸运输行列。西山上村的男子几乎都到碛口黄河码头当搬运工。高家塔、下咀头、索达干、琉璃畔、小垣则等黄河边上村子里的人们，许多去当船工、筏工。马杓峁、尧昌里、刘家里、陈家塬、冯

碛口古镇

家会等村子养骡马较多，西头、西湾、寨子山、寨子坪、侯台镇养骆驼的较多，这些村子的许多人当驼工、马夫、赶车的，从事旱路运输。

老陈醋醋篓

其次，许多人从事商业服务活动。樊家沟、南沟、梁家岔等村子位于碛口到吴城的官道上，是骆驼队的必经之地。所以，村民们开了不少草料店、歇店、货栈。西湾、寨子山、李家山、高家坪、垣上、白家山等村离碛口较近，不少人在碛口做小买卖，或者在商号当帮工、学徒。麻墕村的人有习武传统，男子汉大都到碛口当“更夫”或保镖。

其三，当地的一些传统手工业得到较大发展。招贤镇自古以来烧制陶瓷器，碛口兴起后，这条“陶瓷沟”的生产规模得到明显扩大，大量生产瓮、缸、盆、罐等粗瓷器皿。这些产品除了本地销售外，大都通过碛口运销陕甘宁蒙。武家沟村以制作铜器著名，炊具、灯具、烟具、乐器以及驼铃、马铃等产品，大都依赖碛口销售。另外，磨坊、粉坊、酒坊、酱坊、醋坊、豆腐坊、染坊等手工作坊在碛口及其周边均得到长足发展。

其四，周边村落出现了许多著名财东。碛口的出现给世代务农的村民提供了千载难逢的发财机遇，周边村子里那些勤劳、聪明、善于抓住机遇的人，便开始在碛口创业，渐渐积累财富。经过数代传人的努力，最终发展成远近知名的大商号，成为富甲一方的大财主。西湾村有陈三锡；李家山东财主李登祥开德合店、万盛永，西财主李带芬开三和厚；寨子山陈懋勇、陈敬梓兄弟开裕厚泉粮油行、裕成泉钱庄、专营食品酒醋的裕顺居、经营杂货的广生源等；西头村的陈协中、陈逢时家族养骆驼六七百峰，开天星店、大星店、三星店等骆驼店，专跑旱路运输；高家坪的成氏家族开义生成杂货店、两和炉银器店，与他人合开鸿泰银号；白家山的白家等等。这些富豪们本人发达之后，必然给整个家族带来好处。本族远近亲戚甚至邻里乡亲们都能找到相应的事情做，出现一家大富、多家小康的情形，从而带动了整个村落的发展。

所谓“碛口柳林子，满地是银子。谁家没银子，旮旯里扫得几盆子”，民谚不虚。

二、建筑

碛口是纯商业巨镇，“生活区”在碛口周边。发达了的商人们在西湾、高家坪、白家山、垣上、寨子山、李家山、孙家沟等等地方选择风水宝地，大兴土木，建设豪宅，供家眷居住生活，由此而形成了以碛口古镇为中心的大型经济生活文化圈。这些建筑依山就势，格局灵活多变，层层叠加，立体感极强，工艺讲究，风格粗犷而不失精致，富有装饰性，并有“明柱厦檐”等别具一格的地方建筑手法。现在还基本保存完好。碛口古建筑群被国务院公布为第六批全国重点文物保护单位，是世界文化遗产基金会公布的“2006 年世界百大濒危文化遗址”之一。其中，西湾村被建设部、国家文物局公布为首批“全国历史文化名村”，李家山村被著名画家吴冠中称为“远看像汉墓，走进去发现是一座桃花源”。2003 年，山西省政府命名碛口古镇为首批“山西省历史文化名镇”。

当地歌谣唱道：

九曲黄河十八弯，宁夏起身到潼关。
万里风光谁第一？还数碛口金银山。

碛口西湾村

第十章

填不满的吴城

各色货物在碛口扰攘一过，弃舟登岸，向西向南向东，走向它们各自的目的地。东去的一条为主道，经离石到太原，240 公里旱路驼铃叮当，走出 200 年的繁华。

八百里吕梁山，崇山峻岭连绵蜿蜒，从东北向西南纵贯三晋西部。中间一线突起，格外峥嵘峭峻处，藏着粮油故道之陆路运输中枢、离石到太原必经地——千年古镇吴城。

第一节　从军事重镇到商业枢纽

吴城本就是因兵而起。先秦名将、著名军事家吴起在这里练兵屯兵，修筑驿城，吴城因而得名。

关键词：薛公岭捷　黄芦传奇　吴城不凡

吴城位于吕梁山中段山口，黄芦岭和薛公岭脚下，是晋中平川通往晋西北乃至陕、甘、宁、青等西北地区的必经之地。历来为兵家所重。

薛公岭留下了八路军 115 师“三战三捷”的辉煌。1938 年 9 月上旬，日军华北方面军第 108 师团一部沿汾（阳）离（石）公路西犯，占领离石、柳林，进逼军渡、孟门、碛口，威胁黄河河防和陕甘宁边区。在这里，他们遇上了八路军第 115 师。代理师长陈光、政治部主任罗荣桓决定选择吴城镇东南的薛公岭打击歼灭进犯之敌。9 月 14 日、17 日、19 日，汾离公路三次伏击战，共歼日军 1 000 余人，缴获各种武器 560 余件、骡马 100 余匹，击毁汽车 30 余辆。八路军伤亡 180 余人。

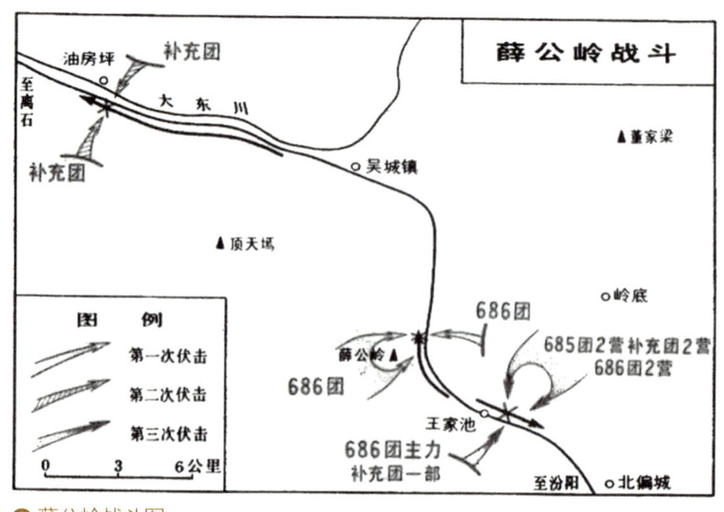

薛公岭战斗图

吴城所在之黄芦岭，则写下了另一段旖旎。岭上至今留有 60 余米长城遗址，这是北齐时所修长城的起点——金锁关。主修长城的敕勒人斛律金，与山西大有渊源，也是很多传奇的主角。斛律金出生时难产，一只胳膊先出来了，恰值郦道元从洛阳到草原考察，慨然出手，救了斛律金母子。25 年后，斛律金参加北魏六镇起义，俘虏了受皇命前来慰问官兵的郦道元，上演了又一出“捉放曹”。再后来，处事刚猛的郦道元被权臣设计借刀杀人，斛律金相救未及，在郦道元殉难的地方找到了他的遗著《水经注》三本，另有《本志》、《七聘》八册，并千方百计寻得仇人，在郦道元墓前血祭。

斛律金骁勇善战，他指挥作战时，望见尘土便可以判断出战马和步兵有多少，用鼻子闻一下地面，就知道军队离得远近。“军神”斛律金不仅在山西留下了这段长城，他还做过东魏时的汾州刺史，更在玉壁唱响了那首《敕勒歌》（玉壁在今天晋南运城市稷山县西南的柳沟坡）。当东魏西魏玉壁决战时，斛律金为东魏主将。

玉壁之战的过程史书有载，今天读来仿佛一段传奇。东魏权臣高欢讨伐西魏，谁料棋逢对手，名将高欢碰上了同样富有胆略的西魏并州刺史韦孝宽。玉壁城中没有水源，城中的人要从汾河汲水，高欢派人在汾河上游把水决开，使汾河水远离玉壁城，一个晚上便完成了这一移汾工程。高欢在玉壁城的南面堆起了一座土山，想利用这座土山攻进城里。玉壁城上原来就有两座城楼，韦孝宽让人把木头绑在城楼上接高，让它的高度超过东魏堆的土山，以抵御东魏的进攻。高欢就派人掘地，挖了 10 条地道进攻，韦孝宽在城周挖出长沟，高欢兵走出地道就跌入大沟。高欢又用一种坚固的攻城战车撞击城墙，韦孝宽用布匹缝制出巨大的幔帐，顺着攻城战车的方向张开，攻车以硬碰柔，力道被消解一空。高欢便用火攻，把松枝和麻秆之类的易燃物品绑在车前的一根长杆上，灌上油，点起火，用来烧毁韦孝宽的幔帐，韦孝宽便让人制造了一种很长的钩刀，刀刃磨得很锋利，等火杆快要烧到幔帐时，便用长长的钩刀远远地割断它，附着在火杆上的松枝和麻秆便都纷纷坠地。高欢始终无法攻进城去。

东魏的军队对玉壁城苦苦攻打了 50 天，10 万精锐只余 3 万，高欢背受箭伤。在决战的黎明前夜，这个在草原长大的汉族人对自己的“发小”、敕勒川人斛律金说，唱一首咱们自己的敕勒歌吧。斛律金大手一挥，“敕勒川 / 阴山

下 / 天似穹庐 / 笼盖四野……”千古绝唱《敕勒歌》在晋南的万里平畴间盘旋回响，高欢流涕相和，东魏军人纵情相和，西魏将士也大都从敕勒川出来，熟悉的曲调让他们停下了进攻的脚步，忍不住与自己的“敌人”一起引吭高歌。战争的双方为同一首歌曲如癫如狂……

话说得远了，重新转回来。战乱之秋，戎马倥偬，太平之岁，商贾云集。近代吴城，泯了硝烟，又成为商家重镇。

这仍然是由吴城得天独厚的地理位置决定的。

从碛口上岸往太原，必经吴城。吴城以西是河谷川地，向东则进入大山，绵延起伏，人烟稀少，骆驼、骡马脚力有限，翻越大山几乎得一整天时间，所以不论大小商队，晌午以后到达吴城就不敢继续前行，只有歇脚等次日凌晨再动身。当时，每年从绥远磴口航至碛口的货船不下 4 000 余艘，这些货物由骆驼、驴、骡载着东行，每日川流不息。晋中平川平遥、文水、祁县、太谷等地的商人，看准这一行情，或设分号，或立字号，吴城很快就呈现出一派繁荣昌盛的景象，成为一个规模宏大的商品转运地和物流中心。

1921 年，太原至军渡公路的开通把古镇推向极盛。从离石到吴城只需一天路程，原需住沿途零星小店的客商赶一赶就集中到了吴城。这时节，地方上又设立了军政机关，吴城越发繁荣了。

第二节 陆路驮运

吴城因陆路运输而繁荣，陆路运输的主力是骆驼。

关键词：驼路 饲驼 容器 车辅

骡、驴、马也跑陆运，但多用于中短途运输。相比较而言，马的胃口很大，养马成本较高，并不多用；驴子力气较小，不堪重任，只适合完成短途近小之役；骡子兼有驴之温顺和马之力量，食量不很大，耐力又很好，负重较多且易于饲养管理，是较理想的驮畜，在晋北、内蒙古等地用得多。

以保德、河曲为例，在这一带长途贩运俗称“起高脚”，两头驮畜叫“一把鞭子”，赶牲畜的叫“脚户”，内蒙古粮食由大船运至黄河码头，转运岢岚、五寨等地则由骡帮完成。据《保德州乡土志》记载，当地“转运恃驴骡以输货物。骡似驴而高大有力，在腰能驮物行远，州人畜之恃以运货”。粮油货物中转大站河曲在“北同蒲线未通前，本县有脚户约200名，驮骡约500头，每头驮170—250斤，日行七八十里”。偏关的“偏朔道”、“偏阳道”、“偏岢道”，以及兴县县城以外的北、东、南三条转运路等地役使驮骡的情况大体与河曲、保德相近，这些地区骆驼的使用率相对较低。

长距离的运输以驼队为主，如吉兰泰盐池到旧蹬口码头的“吉磴驼路”，鄂托克碱池到黄河岸边碱柜的驼道，碛口到吴城再到汾阳、太原。然而，相对于“吉磴驼路”驼运的时长时消，碛口至太原的驮运路上的驼铃声更为持续经久。

一、商道驼铃

现在我们看骆驼，要去动物园了。骆驼们披个红兜兜，温顺地趴下站起，供游客赏玩照相。只有知晓了骆驼当年的“丰功伟绩”，才能从那些迟缓的起

商队驼铃

商路上的驼队

卧里，觉出它们一种虎落平川、英雄末路的悲凉。

早年间，骆驼可是要比人还要精心饲弄的“宝贝”呀。

骆驼是“双重性格”：一方面，骆驼是负重远行的好帮手，双峰骆驼能供役 50 余年，3 岁以下为幼驼，尚不堪负载，七八年后方能胜任。在沙漠等水草不便之地行走，一度饮食，三五日之内，任重道远而不疲。负重能力比普通马骡胜两三倍，长途驮运以 400 斤为度。另一方面，骆驼又比较娇气，需要精心喂养。骆驼一天要喂两次草料，早晚各一次。铡草有讲究，要将谷草秆切成一寸长短，一峰骆驼一次大概能吃 15 斤，吃完草后，再上料袋，这是用白布缝的尺把长的袋子，每次装 2 斤多拌了水的黑豆、2 两盐，挂在骆驼脖子上让它自己吃。吃完了拉到河边饮水，如果离河太远，就得自己挑水回来。骆驼吃料要干净，不能有鸡毛、铁钉、沙土之类的杂物，否则会生病拉肚子。全套程序每天早晚各一次。

双峰骆驼耐寒而怕热，要避开在气温高的时候行走，所以在热天需要“日没上路，半夜投宿”。到了盛夏还要拉到深山里避暑，俗称“下场”。夏至前后，骆驼身上的毛基本脱尽，这时候就要准备下场。先给骆驼灌服解暑药，然后拉到林大沟深、水草丰裕的山上，给每一头骆驼戴一只铃铛，开始放牧。驼工分为两组，一组在家整理缝补鞍子、毛口袋，一组跟着骆驼放牧。在牧地

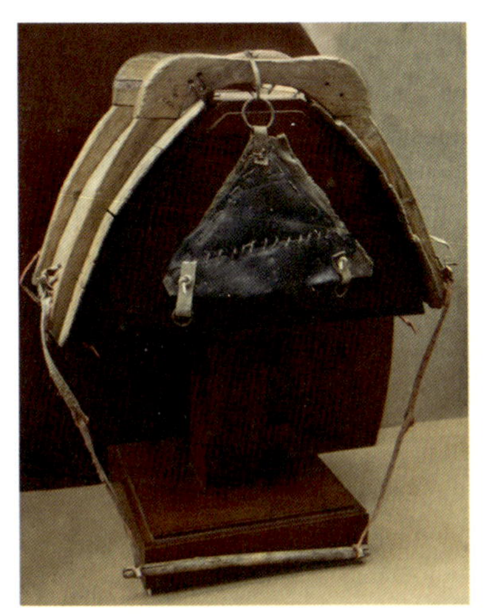
商队货驮子

搭个柴庵，白天骆驼自个儿吃草，晚上拉回到柴庵附近在树上拴好。“下场”持续三个月左右，一般在白露以后起场，重新投入驮运。

养骆驼的还要供奉马王爷。马王爷是家畜的守护神，六月二十三为马王爷的祭祀日，凡是养骆驼的都要在这一日设立牌位，上写“供奉马王爷之神位”，摆上贡品，焚香烧表，磕头祭拜，祈求神灵保佑骆驼平安，驮运顺利，并许“神书”三天，择日请盲艺人说唱。说唱多安排在骆驼下场以后，驼户一家三天，持续很长时间。

要说呢，拉骆驼的人——驼工，是个苦差事。早上很早就要上路，铡草、喂草、饮水，一揽子程序完了，要给骆驼上驮子，这至少要两人合作。厚约五寸多的鞍子，要轻轻抬上去，要抚得很平，否则会硌伤驼背。上货也要两人抬，左右要均匀；下货也是。晚上住店，卸货卸鞍，铡草、喂草、饮水，一揽子程序再过一道。他们常常是刚觉得合上眼，又该上鞍上货了。

比起饲养骆驼，驼工的生活就粗糙得多了。白天赶路时买块饼子，边走边吃，渴了向人家讨碗冷水喝，见到有水的山沟，爬下来喝足“爬爬水”。晚上住店，店主给炒热菜，一般是山药、萝卜、粉条一勺烩的大烩菜，主食是小米捞饭或豆面，很少吃白面。听起来很苦。不过，“汽车轮子一转，给个县长不换”，驼工就像20世纪七八十年代那会儿的司机，挣得比地里苦受的农民毕竟多些，而且走南闯北，见多识广，到了大地方，针头线脑、头绳红花啥的顺手买上些，回来看婆姨们姑娘们兴奋艳羡的眼神，那心里自也是美滋滋的。

商道上的骆驼多由碛口“供应”。养驼大户集中在碛口东边的西头村，零星养驼小户分散在碛口周边的索达干、碑楼、河南坪、寨子山、寨子坪、侯台镇、樊家沟等村。当时养一峰驼就能使一户四口之家过上好日子，养三五峰骆驼

驮运货物准备起程的骆驼和老少赶驼人

就是富户了。清末民初，西头村陈清时一户就养驼300余峰，名声远播。陈立江、陈立茂兄弟十人，总共养驼亦达300余峰。

从碛口赶骆驼到吴城，先要上海拔1 500米的王老婆岭，过岭就是离石，再从离石走30多公里到吴城，这一段要整整三天。然后东出吕梁山，就是一马平川了。

骆驼一天一般走“一站”，约35公里，如果35公里处无村落可住，那就再往前走一段，一站达40公里就称大站口，站口就是能住宿的地方。如果前面30公里和45公里处均有站口，一般就住30公里的站口，称小站。站口都有开骆驼店的，山里人称“柴草店”，大门外挂一把干草作幌子，院子里并没有骆驼棚子，仅仅拦几根木棍用来拴骆驼。店方只提供最简单的食宿条件，一盘大炕并无被褥，驼工都要自带铺盖。

骆驼很少跑单骑，多是成队上路，十几头、几十头骆驼组成的“长蛇阵”，一头跟着一头，一链接着一链，缓缓而行，蔚为壮观。母驼和阉驼性情温顺，老老实实，一个驼工可以拉六峰骆驼，也就是“一链”，十二峰为一槽。第一峰称首驼，一般由母驼担当，驼鞍的夹杆上，一侧挂一盏马灯供夜间照明，一侧挂草料袋、干粮袋。第二峰的缰绳拴在第一峰的鞍子上，称二链子，依次是三链子、四链子、五链子。最后一峰称尾驼，也叫稍尾子，尾驼鞍子的夹杆上吊着一个尺余长的筒形熟铁铃，走起路来叮当叮当地响着。如果驼缰断了，骆驼就会站住不走，这时，拉骆驼的听不到铃声就知道出事了。天天与骆驼在一起同甘共苦，驼工与骆驼感情，用“深厚”来说，绝不过分。尤其回程路，大都空驼，驼工抓住“首驼”的缰绳往下一拉，它的头就低下来，驼工就用手抓着鞍子，一只脚踩在骆驼脖子上，骆驼一抬头，就把人送上去了。鞍子里面垫着驼毛或麦秸，软绵绵的，前后都有驼峰，抱着驼峰睡觉，温暖安全，摇篮般的舒适，只管睡去，在叮当叮当的驼铃声中，不必担心走错，常走的路骆驼是认识的，可谓老驼识途。

驼铃

二、毛口袋和油篓

货运当然离不开装货的工具。商道上的陆运，离不开三件东西：毛口袋、油篓和绳子。

毛口袋装粮食，油篓装油。绳子讲究多，有包绳、甘草绳、车绳。绳有麻的，也有皮的。

油篓大多是先用柳条编好，口小肚大，宽扁形的居多，再用掺了猪血的石灰和纸浆仔细腻住每一个缝隙，然后再糊上几层麻纸，并满面涂抹猪油，待猪油吃透之后就不会漏油了。油篓有大有小，大的能装80—120斤油，小的

油篓

装 30—50 斤，装十来斤的“油葫芦”也有，长途运输一般使用能装 100 斤以上的大油篓。骆驼驮运的话，驼鞍架子两边一边一个大油篓，既平衡又稳当，还可以搭载一些别的东西。在粮油故道沿途一些重镇，多有编制毛口袋和油篓的作坊。

毛口袋用山羊毛织成，结实耐用，是装运粮和盐的主要工具。编毛口袋是先将羊毛捻成粗约 2 毫米左右的线绳，然后织成长约 8 尺、宽约 2 尺的长方形毛布，再对折回来，底边和一侧细细缝住即成，能装 120 多斤粮食。河曲盛产毛口袋。据《中国实业志》载，1935 年，河曲毛口袋作坊共有 8 处，最早的一家成立于光绪七年（1881），最晚的一家成立于 1914 年，用羊毛 229 530 斤，年产口袋 35 178 条。河套一带是粮食主产区，毛口袋用量最大，当地养羊较多，原料充足，毛口袋编制也很发达。包头用山羊嘴子毛制造毛口袋的手工作坊，在同治年间已有 20 余户，年生产毛口袋约 9 万条。

运输还离不开绳子。包头一带的制绳业也很发达，有麻绳、皮绳等不同种类，具体又细分为包绳、甘草绳、车绳、底绳等品种。民国年间，包头以东的萨拉齐镇年制绳约 5 万斤；包头麻绳作坊共 13 家，年制绳 6 万斤。麻绳原料为白麻、黑麻两种，大抵从本地及宁夏农家收买。皮绳较麻绳要结实耐用得多，而且不怕水浸，是皮筏子运输必不可少的东西。临县碛口东北几十公里处的商贸重镇三交就盛产皮绳，皮绳作坊专门派人到碛口收购用旧了的羊皮筒，将其切割为细条，拧成羊皮绳，产品远销本地与黄河上游地区。

三、车运

就晋蒙粮油故道的陆路运输而言，骆驼驮运是主要方式，车辆拉运仅是配角。因为车辆对道路的要求较高，车行道一定要宽于驮道，而且坡度不能太大，崎岖山路是不能行车的。所以，大车运输主要在一些道路条件相对较好的平坦地带存在，粮油故道的上游河套地区较多见，故道下段山西一带较少见。

包头一带大约在嘉庆年间始有专门从事运输的畜力车，即由一牛或两牛

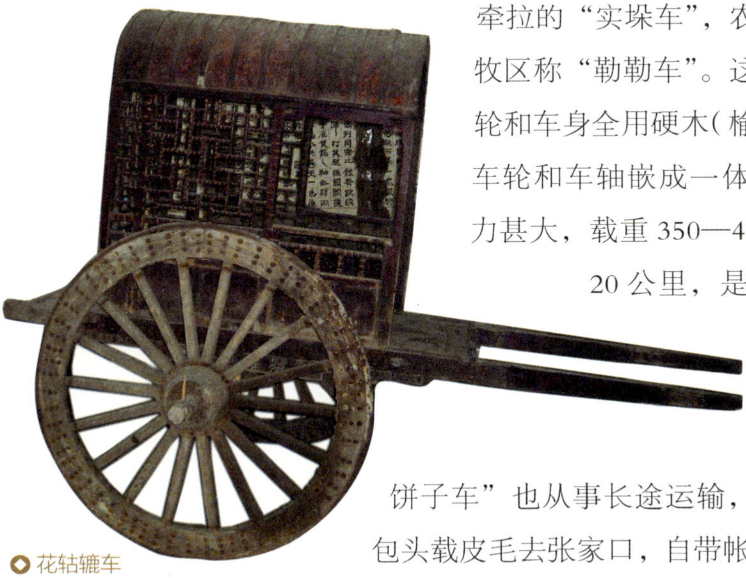

牵拉的“实垛车”，农区称“二饼子车”，牧区称“勒勒车”。这种车构造笨重，车轮和车身全用硬木（榆木为多）穿垛而成，车轮和车轴嵌成一体，行驶过程摩擦阻力甚大，载重 350—400 公斤，日行 15—20 公里，是清代中后期包头地区的主要运输工具，以农牧服务为主。农闲时“二饼子车”也从事长途运输，常结队百辆以上从包头载皮毛去张家口，自带帐篷和粮草，不住店。

花轱辘车

如果说二饼子车是第一代大车，那么“花轱辘车”就是第二代。花轱辘车在包头一带出现于民国早年，车辆的规格有“九辋十八辐”、“七辋十四辐”、“八辋十六辐”三种。“辋”、“辐”是车轮的主要构件，辋构成轮子的外围圆形框子，辐是辋与车轮中心“弧”的连接体，一般是每块辋上穿嵌两根辐，制成辐射状圆轮，形象地称之为“花轱辘车”。再用“铁瓦”钉在辋板的外沿，以提高车轮的强度与抗磨损性，在辋板的两侧钉有几圈大头铁钉，起加固作用。车轮中心的部件叫弧，弧内安装环形铁“车穿”，车轴穿在弧内，轴头嵌有“铁键”，在车穿与铁键之间注入润滑油，起滑动作用，可以有效降低摩擦阻力。花轱辘车比二饼子车要轻捷灵活许多，拉起来也省力得多，应该说是当时这一带最先进的交通运输工具。单车载重在 500—1 000 公斤，同样是用牛牵拉，每日可行驶 25—35 公里。山西忻州制造的花轱辘车颇受包头养车户欢迎，因此很快取代二饼子车成为运输业的主要运输工具。

在粮油故道上游各支线的货物运输中，二饼子车、花轱辘车扮演了重要角色。车运与驼运相比，最大的好处是便于与农业生产结合。拉车的牛同时也是耕牛，既可以耕地，又可以拉车，一牛可以多用，而且易于饲养；而骆驼只适合驮运货物，并不适合拉车、犁地，一旦无货可驮，就只好歇着，而且娇贵不易饲养。牛车的另一个好处是车辆装货多，载重量大，很适合往田间送粪、从地里往“打谷场”拉运秋收的庄稼，这些都是驮畜难以胜任的农活。因此，在粮油故道粮食油料的主产地，牛车是主要的货物运输工具。河套地区的粮食、油料大都使用这样的车辆运往黄河码头，再转运包头等地，或直接运到货物目的地。拥有成千上万顷良田的大地商王同春在清代末年就曾经养着200余辆这样的牛马大车，其大量的农副产品主要是用这种实垛车拉运的。“河套王”王同春养车的事例，可以看成是河套地区交通运输业的缩影，反映了车辆运输在粮油故道上游地区陆路运输中的重要地位。

在粮油故道下段陆路运输各支线也有少量车辆运输。以临县为例，黄河上游来货到达碛口后，分东、北、南三路续运，其中通往离石、吴城的东路与去往柳林的南路均是崎岖的山道，不可能行车。唯有北路沿湫水河谷地经三交、县城，可到白文，道路相对较为平坦，行车问题不大。所以在这条转运道上，除了驮畜之外，牛车也比较多见。临县北部的白文镇是一个区域性货物集散中心，北部兴县、岚县的土产和粮油等商品要运到这里转销。白文镇在清末民初有数十家粮油店铺，南来北往的车辆每天都有，以至当时就流传着“拉不完的白文，填不满的吴城”之说法。一个“拉”字就道出了车辆运输在这条路上所扮演的重要角色，由此可以判断拉运要比驮运更普遍。

第三节 填不满的吴城

驼队一路迤逦走入吴城。吴城早就虚席以待了。

关键词：饕餮之城 日集月会 百业兴旺

吴城镇上有 24 家骆驼店、30 多家骡马店，每家都有十几个槽口，几乎日日爆满。最大的月生店，自养的骆驼有 18 槽，每槽 6 头，总数就达 108 头。每天出入吴城的骆驼不下千头，以每头骆驼驮 200 公斤计，每日流出流进吴城的粮油总量有 20 万公斤之多。除骆驼店外，30 多家骡马店每天接纳的骡马牲口亦不下千头，流动人口日流量亦在一两千人。客商下午在吴城做成交易后，次日早晨天刚放亮，就全部踏上回程。等到住家户们起床时，大小客店早已一空如洗，等待午后源源不断的人流物流重新涌入，年复一年，日日如此。人们只见人来货来，见不到人走物走，在"填不满的吴城"的惊呼下反映出今日不可想象之繁华。

当其时，吴城一条 1.5 公里长的街道全由青石板铺就，街道两旁齐刷刷的红砂石条升起的高台阶上全是商铺字号。叫得响的就有十几家。街道两边建有 10 座庙宇，与略有弯曲的街道相呼应，使整个古镇呈一条巨大的摇头摆尾的龙形，西头建筑规模宏大的老爷庙为龙头，东头规模略小的财礼庙为龙尾，中间有娘娘庙、山神庙、河神庙、龙王庙、天地庙为龙爪，龙身当然就是披满青石鳞片的主街道。

人说，九州十八县的人都在吴城做生意。古镇日日为集，月月有会，繁华的街道上整天人头攒动，车水马龙。一年唱十二台大戏，全部由商会出资。

古镇的繁荣带来了百业的兴旺，各种手工加工业、交易行应运而生。兴源楼专卖银器，打造银器的工匠就有十几个；万花楼是专门教授女孩子刺绣的；恒盛流、水龙泉的白酒自酿自销；王家磨坊十几盘石磨日夜不停。此外

"官"斗　药碾

还有口袋铺专织毛口袋，炉食铺专门制作传统点心，木匠铺、铁匠铺、箩笼铺、裁缝铺、剃头铺、酱醋坊、油坊、屠宰坊散落街中，马掌铺门前骡马成群，四大粮行院内刮斗的都是专业的交易中介人，牲口市上牙行们连连捏码，典当铺中典当师不时高声喊价，把一个地处深山中的古镇渲染得如城市一般热闹。随着时间的推移，各种买卖日渐专营，有了绸缎庄、洋布店、山货行、瓷器行等等。街上最大饭馆"义源馆"整天高朋满座，来往的大都是工商界有头面之人；最大药铺"荣美房"吸引了不少外地名医前来坐堂，著名的南阳李先生就曾在此每年坐堂开诊一个月，直到临终前都对吴城念念不忘。上街的基督教会里，诵经祈祷，进出都是洋教徒；下街的学堂里书声琅琅，先生的薪酬全由商会负担，因此只要家境允许，大部分孩子都能受到启蒙教育。

这种景况一直持续至七七事变。商人无心向商，市道本已日趋冷落，更加上 1938 年正月二十三，日寇在离吴城不到 5 公里的九里湾村制造了惨绝人寰的大屠杀，昔日富丽堂皇的商号掌柜住所变成了日军的军机驻地，街上的青石板、商铺门前的红砂石条，被撬起修了碉堡。驻扎在附近南山的晋绥军还时不时地来"打秋风"。商民苦不堪言，吴城一蹶不振。后虽有几次振兴机会，终未恢复往日繁华。

路荣则荣，路衰则衰。20 世纪 80 年代，307 国道绕开了吴城，吴城一度寥落。漫步街头，冷冷清清，让人无端沧桑。不过，已经建成的汾离高速公路经行吴城。也许过不了多久，这儿将再现峥嵘。

第十一章

终曲：余音袅袅粮油故道

历时 200 多年的晋蒙粮油故道，在经历了繁荣与辉煌之后，于 20 世纪二三十年代开始急剧走向衰落，并终结于日寇侵华战争。作为一条存在了 200 多年的商道，其历史意义和价值终有定评。

第一节 无可奈何花落去

晋蒙粮油故道是一个过程。有他的兴盛与繁荣，也有无可挽回的衰落与终结。

关键词：变革 天灾 人祸 外患

一、技术：铁路、公路后来居上

技术改变经济状态与生活质量。铁路、公路等现代运输手段所体现出来的巨大优势，无可辩驳地替代了依存水运而兴的粮油故道存在的理由。这是晋蒙粮油故道衰落的最直接原因。

首先是京绥铁路的修建。京绥铁路是京张铁路的延伸，其中经过山西境内由阳高县永嘉堡至大同堡子湾段，长度为148.4公里，这段铁路于1916年通车。虽然只通过山西北端一隅，却沟通了本省与绥远、河北等省区的联系，给晋省运输方式带来了革命性的改变。

在京绥铁路修筑的同时，山西督军兼省长阎锡山于1919年11月颁布《山西省修路计划大纲》。1920年4月10日，以省城太原为中心，南至平遥，北达忻县的干线公路正式开工，并于当年年底建成通车，全长213公里。此为山西第一条公路。之后十年间，也就是到1930年，山西陆续建成五条主要干线公路，全长1757公里。其中三条与粮油故道有关系，即太原至风陵渡公路（全长688公里）、太原至大同公路（全

延伸阅读

京张铁路并不是中国最早的铁路，但它却是由中国人自己设计、自己修建的第一条铁路。工程设计与施工均由詹天佑主持。始修于1905年，1909年9月24日通至张家口。之后续修张绥铁路。1911年修至山西阳高，1914年修至大同，1915年9月修至绥远的丰镇。1916年京张铁路与张绥铁路合并，通称京绥铁路。1920年1月修至集宁，1921年9月1日修至归绥（今呼和浩特），京绥铁路全路竣工。1923年1月京绥铁路延伸到包头，改称为京包铁路。

长 292 公里）、太原至军渡公路（全长 288 公里）。

随后，山西又在 20 世纪 30 年代修建了同蒲窄轨铁路。

1933 年，太原绥靖公署主任阎锡山成立晋绥兵工筑路总指挥部，自任总指挥，调兵 3 万人，于当年 5 月举行开工典礼，由太原分南北两段同时施工。太原至风陵渡之间的南同蒲线于 1935 年年底建成。太原至大同之间的北同蒲线于 1937 年 8 月修至距大同 8 公里的十里河桥，因日军占领大同而中止。1939 年续修剩余部分，同蒲铁路全线贯通，并与京包铁路顺利接轨。

由是，晋蒙粮油故道传统的水陆运输方式受到严重挑战。内蒙古及西北地区销往山西的各类商品越来越多地通过铁路与公路来运输。即先从包头装火车，运到大同后再转换公路（后来又有铁路），运销晋北、晋中、太原乃至晋南、晋东南等地。原先途经黄河，再由山西运往河南北部、河北南部的西北货物也转走铁路，可以先经过京包铁路运到北京，再换乘京汉铁路运到河北、河南各地。晋蒙之间黄河水运的重要性随之迅速下降。

延伸阅读

阎锡山与山西修筑窄轨铁路

阎锡山主持编成《山西修筑窄轨铁路之理由》一书，阐明投资少、得利快之好处。在书中计算：如修货运量 38 公斤／米的宽轨，全线需投资 9000 万元。经调查，当时同蒲沿线货运量每年约 4 万吨／公里，连同客运段收入每年总计约 350 万元。如以正太铁路运量每年增加 30% 计算，除去利息支出，损益扣抵，50 年内不但赚不了钱，累计还要亏损 37 亿 4 千 3 百万元。若修窄轨，20 年内除收回全部投资外，还可盈利 670 万元，50 年内可赚 30 亿 6 千 3 百万元。阎如此核算，坚定了他修窄轨铁路的决心。

二、天灾：货源地农业哀难自保

晋蒙粮油故道兴起与发展的基本条件是上游土默特、后套两大平原的农业开发，从而有足够的粮油商品可供向外输出。晋蒙粮油故道的衰落并不是因为山西粮食已经能够自给，而是与货源地区的农业经济状况有紧密关系。

1927 年起，绥远省连旱四年，尤以 1929 年为重。《临河县志》有载：“天灾人祸，地力日竭，收益日歉，求过于供，粮价昂贵，生计艰难。”

据国民政府赈务处 1929 年统计，绥远全省灾民达 149.8 万人，大批灾民返回口内原籍。粮食连本地食用都不敷，而且粮价大涨，以致政府不得不对粮食实行管制与配给，晋蒙粮油故道的粮源因此而断档。

这在下游也有反映。以碛口为例。清末民初，碛口有经营北路与西路货的粮油行 27 家，其中在西市街就集中了如锦荣店、荣光店、大顺店、永裕店、四十眼窑院、天聚永、万全店、万盛成等粮油大商号 13 家，但到 20 世纪 30 年代，据当时出版的《山西金融》所载，碛口全镇只有较大的粮油店 2 家。

三、人祸：兵匪战乱频仍

经济的正常发展需要有安定的社会环境。然而，民国以来，军阀混战不断，社会极不太平。处于边疆的绥远地区，除了遭受军阀统治带来的兵灾，还要承受比其他地区更为严重的匪患。

1914 年，北洋军阀政府设绥远、察哈尔、热河三个特别区，绥远将军改称都统。至 1928 年国民政府下达改省令，14 年间绥远经历了 8 任都统，统治时间最短的是晋系商震仅 4 个月，最长的是宁夏军阀马福祥为 4 年，每任平均不到两年。都统分属军阀各派系，他们走马灯似的换人，遭殃的是地方百姓。首先是驻军的吃、住、用各项给养费用，甚至薪饷均取诸地方，给绥远增加了巨大的财力、物力负担，而且军队拉夫派差之事亦层出不穷；其次是苛捐杂税名目繁多；第三，军阀时常混战。

比兵灾更为可怕的是匪患。民国以来整个绥远地区一直为匪患所困扰。据《绥远通志稿》记载，在民国以来的二十几年中，绥远地区的著名匪首即有 265 人，势力最大、危害最大的土匪是卢占魁、赵青山和王英。

依据所持武器与人数多少，土匪可分为三种：一是“不浪队”，主要以棍棒为武器抢劫行旅；二是“牛腿队”，多持自制之土枪行劫；三是“独立队”，是势力最大的土匪，多拥有新式枪械。独立队名称始于卢占魁。土匪扰乱的形式五花八门，应有尽有，归纳起来主要有两大类：一是掳掠。对象十分广泛，城乡平民、富户、商旅行人，甚至官员、洋人都在其中，毫无防备能力的农村往往是最经常受害者。二是勒索。主要对象是富贵人家、官宦人员及其子女。土匪打家劫舍，杀人越货，绑票索财，出没无定，对社会秩序、经济发展影响极坏。

卢占魁于1915年聚众于大青山以北，以“独立队”之名流窜于武川、固阳、包头、萨拉齐、托克托等地，到处作乱。王英是大地商王同春的三儿子。王家一直豢养着许多家兵打手，且枪械俱全，时逢乱世，遂聚众成匪。赵青山（绰号赵半吊子）则于晋奉交战之际聚众成匪。

连年不断的兵灾匪患严重破坏了绥远经济发展的社会环境，使当地农业生产受到严重破坏。晋蒙粮油故道的粮源就此而暂时中断。

四、外患：日寇侵华

粮食运输暂时断档导致商道衰落，日寇侵华则彻底终结了粮油故道。1937年7月7日日本侵略军由北平大举南侵，粮油故道所在的山西、绥远地区首当其冲。日本侵略军先是占领河口，随后在1937年10月17日占领包头。1938年2月28日侵占河曲、保德，同年3月19—20日放火焚烧保德，1938—1940年对河曲八次狂轰滥炸，1938—1942年八次“扫荡”碛口镇。日军这一系列侵略行径阻断了内蒙古至山西段黄河的正常航运，晋蒙粮油故道由此而最终结束。

第二节　晋蒙粮油故道的影响

晋蒙粮油故道历时 200 多年，对近代山西、内蒙古的社会经济、发展具有深刻的影响。他造就或催生了沿线一批商业城镇，带来了经济形态由自然经济向商品经济的转型，保证了晋蒙两地社会的稳定及进步，在中国国内商贸史、晋蒙近代经济社会史上占有了一定的历史地位。

关键词：兴商镇　促转型　深交流　利晋蒙

一、成就了一批沿线口岸商业城镇

水陆相接的晋蒙粮油故道总长约 1360 公里，沿线有许多城镇。这些城镇可以分成两种类型，一种是随商道发展而兴起，另一种是在商道兴起之前就存在。前者主要有磴口、包头、河口、碛口，后者主要有河曲、保德、府谷、佳县、离石、吴城、汾阳等。这些城镇的兴起、成长或进一步繁荣都与晋蒙粮油故道有着密切的关系。

从第一类城镇来看，它们是和商道紧密联系在一起的，都是在商道的发展过程中出现并得到发展的，或者从原先小的居民点转变成重要口岸。没有商道就没有这些城镇，这些城镇同时也对商道的存在、发展与繁荣发挥着重要作用。

阿拉善盟的磴口从空间序列上说可称为晋蒙粮油故道第一镇，是随着优质吉兰泰盐运销山西中北部而在乾隆年间由一个小小居民点变成重要盐运码头，围绕吉盐运输、仓储、装船这一系列核心功能，又派生出木植、造船、吃住、粮油输入及加工、日用品贩运及销售等许多外围的服务性行业，从而使磴口发展成为一个繁华的口岸商镇。由于磴口的主要功能明确，所以其发展的节奏深受商道上吉盐运量大小的影响，运的多则兴盛，运的少则萧条，这一特点非常明显。

托克托的河口是粮油故道上游最早形成的口岸城镇。土默川平原的粮油是商道最早的商品，这些通过黄河输往晋省粮油的集中、装船之地就是河口。河口很早就是一个黄河津渡，但并不是城镇，仅仅是一个小小村落。只是因为粮油故道兴起后，不仅归化土默特一带的粮食要在这里上船下运，而且这里是运销口外诸厅、山西北中部的吉兰泰盐的必经口岸和管理机构所在地，所以，在嘉庆十二年（1807），河口村升格为河口镇。道光朝以来甘草成为粮油故道重要商品，河口又成为最主要的甘草外运码头，这一新的功能使河口愈加繁荣。由于上游来的各种货物都要经过河口，所以河口是一个典型的与粮油故道共命运的口岸城镇。

处于晋蒙粮油故道水路中点的包头，最初是一个由走西口者聚居而自发形成的村落，其快速成长与粮油故道密切相关。嘉庆十四年（1809），包头村发展为包头镇。道光以来，随着后套地区的开发，晋蒙商道的粮油货源逐渐向后套转移。道光三十年（1850），黄河主流由北河彻底改道为南河，下游河口码头又被大水冲毁，包头由此成为黄河中上游最重要的水运枢纽，南海

黄河

子成为最繁忙的黄河码头，所有运销山西的西路货尤其是粮油都要经过包头，包头随之变成后套粮油输往山西等地的集散中转中心，包头的发展因此大为加快。清末吉盐水运逐渐放开后，包头又成为吉盐运销归绥及山西的控制性口岸，加上黄河上游地区皮毛、中药材等商品的大量下运，包头迎来大发展、大繁荣。伴随粮油故道的鼎盛，包头也发展成为西北地区最大的商贸集散口岸城市。

碛口作为晋蒙粮油故道水运终点是与商道关系最紧密的口岸，这座纯粹的货物转运型城镇完全是商道的产物。内蒙古及西北商品输入晋省腹地的需要造就了碛口，并使之成为商道山西境内最大的卸货码头及水陆转运枢纽。碛口的产生与成长轨迹完全与商道所走过的历程相对应、相吻合。

从第二类城镇看，它们对商道的依存度不像第一类那么高，但商道兴起后给这些城镇带来新的活力与生机，它们的商业发展明显加快，而且经济结构发生了变化。这类城镇的典型是河曲与保德。

河曲新县城的前身河保营本来是一个屯兵之地，乾隆二十九年（1764）之所以要将县治从河保营（旧县城）迁到这里，有两个原因：一个是康熙三十六年（1697），河曲人民在河保营得与蒙古交易，并可垦种黄河对岸内蒙古之地；另一个是粮油故道兴起后，河保营的水西门

杀虎口古道

外码头成为口外商品水陆转运的必经枢纽，商贸与运输大为发展。河曲在同光年间出现“一年似水流莺啭，百货如云瘦马驼”，商号林立、交易频仍的繁荣景象，同样是作为粮油故道的重要口岸商贸运输业发展的结果，是粮油故道成就了河曲的繁荣。

保德由一座黄河岸边的山城，清代乾隆朝以来变成商贸重镇，完全归因于粮油故道。由于黄河商运的发展，保德城外黄河边上的东关逐渐兴起。早在乾隆八年（1743），山西巡抚刘于义就利用东关口岸进行“牛皮混沌”运粮至碛口的试验。嘉道年间，随着粮油故道的发展，保德口岸的对外经济联系大为加强，走西口致富的保德人开始把口外的粮油、甘草等商品运回保德出售，促进了东关口岸的发展。光绪至民国初年，“善经营”的保德商人“与蒙古、河南交易最盛，直隶次之”，在绥包、保德、冀豫之间进行三角贸易，不仅获利丰厚，促进了保德经济繁荣，而且提升了保德在商界的影响力。粮油故道使保德由一个山区小城变成区域商贸中心。

商道途经的离石、吴城、汾阳等城镇，早在商道兴起前就已存在。但商道的出现给它们带来了新的发展机遇，吴城镇在这方面最为典型。吴城既非县城，更非州治，只是因为它是碛口至汾阳商道上的重要节点，就发展成一个规模较大的商镇。镇内以驮运业为中心，住宿、仓储、装运、过载以及相关服务行当很是发达，三里长街两侧店铺林立、商贾云集，其中有不少汾阳、文水、平遥、祁县、太谷人开设的商号，仅骆驼店就有 24 家、骡马店 30 多家。由于东西来往货物数量很大，当时就有“驮不尽的碛口，填不满的吴城”的赞誉。因为碛口和吴城都是商品的转运之地，货物像流水一样，来去不断，当然也就“驮不尽”、“填不满”了。

二、带动了口岸附近乡村的经济发展与转型

商道催生了口岸城镇，这些城镇的发展必然要带动一定半径范围内的周边乡村。这种带动主要体现在两个方面，一方面是周边乡村的农民进入城镇，另一方面是周边乡村在经济活动上服务于城镇经济体系。

就农民进城而言，有两种情况：一种是长期性的迁移，由农民变成城镇居民。新的城镇出现一般是由周边乡村的移民所构成的，因为他们离得最近，便于迁徙，所以最可能成为移民，这一点在河曲、保德、碛口等地都没有例外，河曲新县治、保德东关以及碛口镇日益增加的商民绝大部分都来自周边几十里范围内的村落，保德东关的许多商家是来自附近的马家滩、陈家梁、王家滩等村子，碛口最初的商号大都是由西湾、寨子山、白家山、李家山、西头村等周边村落的人家所开办。另一种是在城镇从事某种工作，但仍然居住在周边乡村的“打工者”。如碛口码头与货栈之间的装卸工、碛口街上的小商小贩等就是这样。

城镇与周边乡村在经济上是有一定联系的。一般情况是中心城镇的经济运行会辐射周边农村，将其纳入城镇经济运行体系之中，在其中充当一定的角色，发挥应有的作用。比如，河曲水运发达，周边就有主要从事造船、制筏的村落铁裹门。在这方面，碛口镇的带动作用最为显著。

三、促进了晋蒙两地的商品经济发展与交流

清代中期以来，由于外国资本主义势力的入侵与渗透，中国的社会经济结构开始发生变化。政治上向半封建、半殖民地化转变，经济上随着资本主义生产方式的出现，商品经济发展的速度加快。但总体来看这种变化在东南部沿海地区表现得比较明显，而广大内陆地区不太明显。以山西而论，广大城乡传统的生产方式依然占据绝对主导的地位，农村仍然是自给自足的自然经济，商品经济在经济成分中的比例很低。在这样的背景下，晋蒙粮油故道的兴起对山西地区商品经济的发展无疑是一个推动。

商道沿线及其所辐射的地区商品经济的程度肯定要比其他地区高。这是因为商道本身就是商品经济的有机组成部分，商道连接着商品的生产地和消费地，商道的存在就意味着商品的流动与交易。没有商品生产当然不会有商道，没有商品运输通道（商道）也不会有异地商品交换，没有商品交换也就没有商品经济。可见，商品生产、商道运输、商品交换是构成商品经济必不

赴蒙贸易的晋商

可少的三个要素。晋蒙粮油故道这条承载着大量商品的商道，直接所要完成的使命就是商品的异地交易，因此必然促进晋蒙两地商品经济的发展。

从商品的销售地山西中北部来看，商道促进商品经济的发展主要体现在如下几个方面：

首先是导致口岸城镇地区商品经济中心的形成。城镇的兴起就意味着商品经济出现，因为城镇居民所需要的粮食、蔬菜、肉类等生活必需品需要由农村来提供，同时农村也需要城镇提供食品以外的其他手工业品，城乡之间需要交换。另外，城镇内部各行各业之间互相服务的经济体系，如包头的九行十六社、碛口商会下属的各种店铺，必然属于商品经济范畴。正因为如此，城镇化程度的高低是判断商品经济发展水平的主要依据。

其次是促进与城镇有经济联系的周边乡村自然经济向商品经济的转变。一旦这些乡村进入城镇经济的辐射范围，它们原先的自然经济状态就开始发生转变，农民就会为了出售而去生产，卖出自己生产的物品，买回自己所需要的其他东西，这就是商品经济。

其三是促进北路商品的销售地域商品经济的发展。北路商品不仅仅在商道沿线销售，还会深入到更远的地方。这些商道所辐射的地方，消费者要购买外来商品，就需要准备货币，要得到货币就需要卖出别的东西，或出卖自己的劳动。这一卖一买实际上就是商品经济。但消费地的购买能力是有限的，究竟能买多少，取决于能卖多少。

从以上这三方面来说，晋蒙粮油故道无疑促进了商道所辐射地区商品经济的发展。商品经济要比自然经济先进，促进两地商品经济的发展就是推动了两地社会的进步。

从商道的货源地内蒙古中西部来说，商道促进当地商品经济发展的道理与表现和上述商品消费地大同小异。在导致商品输出口岸城镇的形成和促进周边乡村商品经济发展这两点上是完全一致的，稍有差异的是商道直接促进了当地的商品生产，而不是间接促进。这些商品的生产者先将所生产的东西卖出去，得到货币后，再买回自己所需要的其他物品。这一卖一买当然也是商品经济，而且卖得越多，买得也会越多，商品经济发展得也就越快。

伴随商品的运销，两地之间频繁的人员往来必然促进两地文化的交流与融合。这种交流是多方面的：首先是生活方式、风俗习惯上的互相了解与影响；其次是生产方式、工具器用等物质文化方面的互相借鉴与引进；还有语言文字、文学艺术及社会历史等精神文化方面的互相学习、传播与渗透。

四、稳定山西，开发内蒙古

粮油故道所运销的六大类商品都是生活之所用，尤其粮、油、盐更是每个人都离不了的生存必需品。晋蒙粮油故道恰恰就是为了解决山西北中部地区的缺粮问题，这条商道与山西社会稳定息息相关。

众所周知，山西多山而缺水，坡地多而平原少，旱地多而水田少，大部分地区土地贫瘠，粮食产量很低。山西人民是看老天的脸色吃饭。风调雨顺的好年景，粮食收成有保证，温饱尚能维持；如果遇上自然灾害，收成明显减少，粮食就难以满足需求，饥馑就会发生。恰恰山西多数地方又是“十年

张垣（张家口）德华洋行驼运库伦货物起程西沟合影

九旱”，旱灾发生的概率非常之高，所以，长期以来山西粮食难以自给。清代山西总体上与以前各代没有两样，是一个缺粮省份，需要周边豫、冀、陕、蒙等地接济。晋南、晋东南仰赖中原、关中产粮之区，晋北有赖绥包河套平原之米粟。晋蒙粮油故道就是把归绥、河套平原甚至宁夏的粮油调运到山西北部沿黄各州县以及吕梁、晋中、太原等缺粮地区。

然则，通过这条商道从北路运来的粮食，在一定程度上缓解了商道所辐射的山西沿黄地带以及吕梁、晋中、太原地区的缺粮状况，有助于这些地区的社会稳定。

同时，毋庸置疑，晋蒙粮油故道的存在为内蒙古的开发提供了动力，在一定程度上推动了内蒙古中西部的开发。

第三节　晋蒙粮油故道的历史地位

距离粮油故道的彻底湮灭，还只不过七八十年的时间。该如何来评价这条商路呢？

关键词：跨域商路　反向运输　安民富民　促进开发

首先，这是中国历史上为数不多的一条跨区域的重要商道。纵观华夏5 000年历史，真正存在过，而且被认可、有影响的商道其实并不多，空间距离能够达到1 360多公里、时间跨度达到200多年的商道恐怕就更少。从这一意义上来说，晋蒙粮油故道在中国国内商贸史上无疑应该占有一席之地。试想，就国内跨区域商贸而言，除了大运河、长江水系、滇藏茶马古道以及明清晋商开辟的南北茶叶之路，还能举出多少著名的商道呢？

其次，这条商道的特殊意义还在于它是自西到东、由北向南输送粮油商品。

十九世纪包装茶叶的情景

隋唐以来，中国农业经济发展的大格局基本是南方和东部相对发达，北方和西部相对落后。在粮食运销市场，南粮北调、东粮西运是常态。大运河的主要功能就是由长江流域向北方漕运粮食，而清代以前的历朝历代，每逢西北用兵都要征调东部地区的粮食长途西运以济军需，即使在清代前期对准噶尔用兵，情况依然如故。晋蒙粮油故道兴起后却一反“常态”，依托内蒙古中西部的农业大开发，是把西部和北方生产的粮食运到东部和南边，这绝对是一件新鲜事物，具有非同寻常的意义。

其三，这是一条惠及山西北中部广大地区人民的生命保障线。把这条商道置于清代至民国山西的历史环境中来看，它的存在一定程度上缓解了山西部分地区严重缺粮的局面，对保障这些地区社会的相对稳定作用显著。从这个意义上说，晋蒙粮油故道应该以一条关系国计民生的“生命线”而写进山西历史，绝不是一条可有可无、无足轻重的一般商道。

其四，这是一条拉动近代内蒙古中西部大开发不断深入的通道。商道既是商品生产大发展的结果，反过来又促进商品生产的进一步发展。在推动内蒙古中西部开发的诸因素中，向外输出商品的三条通道均起着重要作用。相对于向北到外蒙古，向东到大同、张家口和京津这两条陆上通道，借助黄河而向南的晋蒙水上通道运出的粮油数量是最多的，因此，所产生的推动作用最为显著。

最后，还需要分析一下这条商路的性质。从本质上说，这仍然是一条传统的旧式商路，是在已有的生产方式之下，利用传统的运输方法，借助黄河这条天然水道实现商品的异地运销。从时间上看，在其中后期尽管已经进入近代社会，但这条商道上所经销的六大类商品并不是新型生产关系下的产物，商品的运输也没有采用任何新技术、新工具、新手段，商品的买卖经营依然按照传统方式进行。因此，虽然这条商路是在清代新出现的，但它并不是一条新式商路，仍是和封建生产方式联系在一起的，并不代表新的生产关系和新的经济生活。

主要参考书目

成艳萍：《经济一体化视角下的明清晋商》，科学出版社，2013年版。

冯改朵、刘建生等：《西口研究——以杀虎口为中心》，山西经济出版社，2012年版。

刘建生、燕红忠、张喜琴等：《明清晋商与徽商之比较研究》，山西经济出版社，2012年版。

燕红忠：《晋商与现代经济》，经济科学出版社，2012年版。

燕红忠：《中国的货币金融体系（1600-1949）》，中国人民大学出版社，2012年版。

刘建生：《商业与金融：近世以来的区域经济发展》，山西经济出版社，2009年版。

刘建生、燕红忠、石　涛等：《晋商信用制度及其变迁研究》，山西经济出版社，2008年版。

刘建生、燕红忠、王瑞芬等：《山西典商研究》，山西经济出版社，2007年版。

刘建生、刘鹏生、李　东：《回望晋商》，山西经济出版社，2007年版。

刘建生、刘鹏生、燕红忠等：《明清晋商制度变迁研究》，山西人民出版社，2005年版。

刘建生、刘鹏生等：《晋商研究》，山西人民出版社，2005年版。

高增德、刘建生：《晋商巨擘》，山西经济出版社，2005年版。

刘建生：《商谭》，山西经济出版社，2002年版。

刘建生、刘鹏生等：《山西近代经济史（1840-1949）》，山西经济出版社，1995年版。

刘建生：《中国近代经济史稿》，山西经济出版社，1992年版。

一、著作

袁森坡：《康雍乾经营与开发北疆》，中国社会科学出版社，1991年版。

牧　寒：《内蒙古盐业史》，内蒙古人民出版社，1987年版。

牛敬忠：《近代绥远地区的社会变迁》，内蒙古大学出版社，2001年版。

闫天灵：《汉族移民与近代内蒙古社会变迁研究》，民族出版社，2004年版。

陈耳东：《河套灌区水利简史》，水利电力出版社，1988年版。

梁丽霞：《阿拉善蒙古研究》，民族出版社，2006年版。

张　贵：《包头史稿》（上卷），内蒙古大学出版社，1994年版。

张　贵：《包头史稿》（下卷），内蒙古大学出版社，1997年版。

安介生：《山西移民史》，山西人民出版社，1999年版。

陈志华：《古镇碛口》，中国建筑工业出版社，2004年版。

王洪廷：《碛口志》，山西经济出版社，2005年版。

二、地方志

王克昌修，殷梦高纂，王秉韬续纂修：《保德州志》，据康熙四十九年（1710）刻本，乾隆五十年（1785）续修本。

金志节原本，黄可润增修：《口北三厅志》，乾隆二十三年（1758）刻本。

邓必安修，邓　常纂：《孝义县志》，乾隆三十五年（1770）刻本。

孙和相纂修：《汾州府志》，乾隆三十六年（1771）刻本。

金福增总修，张兆魁、金钟彦纂修：《河曲县志》，同治十一年（1872）刻本。

姚启瑞纂修：《永宁州志》，光绪三年（1877）刻本。

王　轩、杨　笃等纂修：《山西通志》，光绪十八年（1892）刻本，中华书局，1990年版。

延　祉修，吴大猷等纂：《保德州乡土志》，光绪三十三年（1907）成书，民国五年（1916）石印本。

贻　谷等纂修：《土默特旗志》，光绪三十四年（1908）刻本。

高赓恩等纂修：《绥远全志》，光绪三十四年（1908）刻本。

胡宗虞等修，吴命新等纂：《临县志》，民国六年（1917）铅印本。

石荣暲编：《合河政纪》，民国十六年（1927）铅印本。

周颂尧：《绥远河套治要》，民国十三年（1924）刊本。

傅增湘：《绥远通志稿》（稿本，100卷），1936年基本成稿。

《磴口县志》，内蒙古人民出版社，1998年版。

《托克托县志》，内蒙古人民出版社，2003年版。

三、文史资料

河曲政协文史资料委员会编：《河曲文史资料》（修订本），第一辑，第二辑，第三辑，第六辑，2004年印行。

保德政协文史资料委员会编：《保德文史资料》，内部资料，第二辑，2001年印行。

陈秉荣：《话说走西口》（稿本）。

政协内蒙古自治区委员会文史资料委员会编：《内蒙古文史资料》，第一辑，第十二辑，第三十二辑，第三十三辑，第三十六辑，内蒙古人民出版社，内蒙古文史书店，1979–1989年。

包头市地方志编修办公室编，包头市档案馆：《包头史料荟要》，第一辑至第十四辑，1980–1985年。

政协托县文史资料编委会：《托克托文史资料》，第一辑，第二辑，1991年、1993年印行。

四、其他文献

任根珠：《〈清实录〉山西资料汇编》（上中下共三册），山西古籍出版社，1996年版。

中国第一历史档案馆编：《康熙朝汉文朱批奏折汇编》，档案出版社，1984–1985年版。

中国第一历史档案馆编：《雍正朝汉文朱批奏折汇编》，江苏古籍出版社，1991年版。

中国第一历史档案馆编：《乾隆朝上谕档》，档案出版社，1991年版。

中国第一历史档案馆编：《光绪朝朱批奏折》，中华书局，1995年版。

刚　毅修，安　颐等编纂：《晋政辑要》，光绪十三年（1887）刻本。

赵尔巽等撰：《清史稿》，中华书局，1976–1977年版。

潘　复：《调查河套报告书》，京华书局，1923年刊本。

财政部盐务署盐务稽核总所编：《中国盐政实录》（第三册），文海出版社，民国二十二年（1933）版。

林　竞：《西北丛刊》（《近代中国史料丛刊续辑》之其中一种），文海出版社。

禹贡学会：《禹贡半月刊》，第二卷第十二期，第四卷第七期，第六卷第五期（后套水利调查专号）。

内蒙古自治区档案馆：《清末内蒙古垦务档案汇编》，内蒙古人民出版社，1999年版。

后记

正如署名，这本书是两个人合作的成果，一个研究历史，一个致力于文学。历史需要研究，文学讲究表达，两者联手，方有此书。从内容来看，这是一本偏重于经济史领域商贸史的著作，粮油故道本身就是一条商路，在叙述商路的同时，还梳理分析了它兴起、发展、繁荣、衰落的背景，也论述了它的历史地位。

此书的缘起要追溯到我的博士论文。2004年，年过五九，教龄二十有二，迫于后辈同仁的推压和学校当局的导向，我还是不得不硬着头皮去考博，万幸的是竟然考上了，专业是中国近现代史。实话实说，自从大学毕业到本世纪初期这20多年，我先是搞世界史，研究过世界古代中世纪史，也涉猎过世界近现代史，曾经还到波兰华沙大学做过一年的学术访问，先后发表过十来篇有一定影响的论文；后来又搞旅游教学、研究以及社会服务，也算小有名气。唯独没有从事中国近现代史专业研究，但博士论文又必须要做这一领域的文章，当时还真有点犯难。究竟应该选什么课题来做，心里没谱。说来还是要感谢我从事的旅游专业。当时我正在与他人合作主持一个旅游规划项目：碛口旅游发展总体规划。在收集资料和实地调研的过程中，看到了一本名为《古镇碛口》的书，作者是建筑史专家、近年致力乡土建筑古村古镇调查研究的清华大学教授陈志华先生，该书图文并茂，文笔流畅，可读性极强，而且还有幸在碛口大院里聆听了陈先生讲述当年碛口的兴起、发展、繁华与衰落。记得很清楚，他老人家讲，碛口需要很多人研究，可以写成十几篇博士论文。也许说者无意，但听者有心。当时我就产生了就碛口的历史撰写博士论文的念头，后来经过进一步的思考与论证，决定围绕碛口兴衰的历史背景——以黄河水路为纽带的粮油贸易来写这篇博士论文，并得到导师的同意及同行专家的认可而顺利开题。这一过程真有点“踏破铁鞋无觅处，得来全不费工夫”的感觉。

题目选得不错，这是一个几乎无人研究过的重要课题，颇有学术价值，但难度不小。不仅需要查阅大量的文献，收集与本课题有关的资料，而且必须要进行全面的实地考察和访问，寻找实证资料，缅怀和感悟当年商路、市镇的繁华与船工、商家的艰辛。为此，在三年多时间里我一边查阅文献，一边断断续续进行了数次沿黄河考察，走遍了碛口的大街小巷及其周边的村落，探访了偏关、河曲、保德、临县的沿黄城镇码头以及内蒙古的呼市、河口、包头等地。除了碛口，其他地方保留下来的商道遗迹已经所剩无几，而且由于天桥电站、万家寨水利枢纽、龙口电站的建设，早已经阻断了业已衰落的黄河水路，但是往日船筏竞流、市井熙攘的景象，依然可以浮现在我的脑海，从而给了我做成这篇论文的信念和勇气。

经过四年的努力，这篇题为《晋蒙粮油故道研究》的论文得以完成，不仅顺利通过了博士论文答辩，而且以此为基础成功申报了国家教育部人文社科研究项目，发表了数篇有影响的论文，或被中国人民大学报刊复印资料全文复印，或被《新华文摘》全文转载，并出版了专著。

今天看到的这本书是在上述研究成果基础上的再创作，或者说是改写，在内容取舍的同时，又增加了不少情节，主要是由李萍女士执笔。李萍是我的校友，要晚我好几届进校，是山西大学中文系的才女，毕业后在《太原日报》社工作，是报社资历较深的记者和编辑，文采四溢，文思敏捷，文笔华丽，又有厚实的学养。由她再创作出来的本书，如果读者觉得少了一般学术著作的呆板与枯燥，多了一些华美的词句和文学的色泽，尚有一定的可读性，那主要是李萍女士的功劳；如果发现有史实上的舛漏、观点上的偏颇，那主要是我的过错，欢迎批评指正。

张世满

跋

明清晋商在中国商业舞台上活跃的时间之长、影响之大，是空前的。然而历史的车轮无情地碾过那段令人激奋和无奈的岁月，只留下斑驳的记忆和深深的叹息。如何重拾昔日辉煌、重振晋人精神，如何改变百年封闭思想、形成晋人与时俱进的理念，如何挖掘历史文化遗产、实现文化强省，如何改变外界对山西的偏见、重塑山西的时代形象，成为当代有识之士急于破解的难题。

在国家日益重视文化对社会发展的重要意义的背景下，正值山西省省委、省政府大力推动文化产业发展的良好历史机遇，2008年初夏，时任山西教育出版社社长的荆作栋以敏锐的市场把握和独特的文化视角，结合晋商出版物的现状，将晋商文化的挖掘和传承作为出版工作的一个切入点，提出做一套能全面展示晋商文化图书的出版思路；山西大学晋商学研究所近二十年来一直致力于晋商研究，曾先后出版相关专著十余部，发表相关论文二百余篇。鉴于此，张沛泓、杨文两位编辑在多方调研和充分论证的基础上，最终确定与山西大学晋商学研究所合作，以《晋商五百年》丛书的形式，将近年来晋商在各方面的研究成果进行整合，以通俗和生动的方式图文并茂地展示给广大读者。山西大学晋商学研究所在深入思考和集思广益之后，决定全力以赴做好这套书。相信这必将有力地推动晋商文化的宣传和普及，更好地满足文化市场发展的需求。

随着晋商研究的深入，晋商学作为一门独立的学科已经粗具规模，其研究的外延亦不断扩大。《晋商五百年》丛书主要从经营行业（盐商、典商、票商、茶商、粮商等）、会馆、家族、教育、公司、建筑、经营、镖局、走西口等方面，对晋商现象进行概括性描述，基本可以反映出明清晋商的全貌。在本丛书的各分册中，对晋商饮食起居、书法戏曲、官商关系、社会公益以及特有的商业习俗等也都有所涉及。

《晋商五百年》丛书十四册的编写历经五年有余，经过出版社同志们的辛勤劳动和各分册作者的共同努力，终于可以付梓出版了。丛书作者为山西大学晋商学研究所、历史文化学院、经济与管理学院、教育学院和体育学院研究晋商学的老师和研究生，他们分别从自己研究的领域和视角对晋商现象进行了介绍。在五年多的编撰过程中，出版社编辑和作者两方多次探讨，反复修改，几易其稿，达成共识；特别是在丛书整体的文字表达上，尽量使用通俗的描述语言，并配以内容丰富、形式多样、涉及范围广的“延伸阅读”，让各册内容更加丰满，知识涵盖面更加广泛。在此，对各位著作者的辛苦工作表示敬意。

山西教育出版社编审委主任张沛泓、项目部主任杨文在本丛书的论证、策划、立项、组织等方面做了大量工作，并在成书的过程中积极推动，在此对她们的敬业精神表示钦佩。各册责任编辑为使图书更加美观形象、内容更加生动丰富，通过各种渠道搜集和拍摄了大量图片，下了很大工夫，也付出了很多心血。山西教育出版社美术编辑刘志斌在丛书的装帧设计、正文图片的统筹和编排等方面做了大量工作。在此对山西教育出版社相关领导和编辑们的敬业精神和辛苦工作表示崇高的敬意和衷心的感谢。

本丛书在编写的过程中，我们参考了大量学界前辈和研究同仁的研究成果，但囿于体例和篇幅限制，不能全部一一标列，在此对各位作者表示诚挚的感谢和深深的歉意。由于本丛书有的分册是师生合作编撰，其中在结构安排、行文内容等方面还有一些尚需斟酌之处，恳请各位读者指正和谅解。

刘成虎

于山西大学晋商学研究所

鸣谢

为全面形象地宣传、展示晋商文化，本丛书在编辑出版过程中编配了一些相关图片，我们希望取得摄影者的授权，但囿于时间、条件的限制，部分图片未能事先与摄影者取得联系。在此，我们对相关摄影作品的作者表示歉意并恳请能及时与我们联系。本丛书图片的提供者有梁铭、荣浪、薛菲、刘志斌、高春平、刘成虎、刘映海等，并得到北京晋商博物馆、山西财经大学晋商博物馆、山西省博物院、太原晋商博物馆、山西近代矿史研究会、保晋公司纪念馆等单位的大力支持，在此一并致谢！